Gerda Nissen

Bauerngärten in Schleswig-Holstein

Westholsteinische Verlagsanstalt Boyens & Co., Heide

ISBN 3-8042-0477-5

Umschlag und Typographie: Günter Pump
Alle Fotos von der Verfasserin
Lithos: Gries GmbH, Ahrensburg
Herstellung: Westholsteinische Verlagsdruckerei Boyens & Co., Heide
Printed in Germany

Inhalt

1
Einleitung

In der Erinnerung an die Bauerngärten meiner Kindheit scheint immer die Sonne. Das war Mitte der 30er Jahre. In den Sommerferien nahm mein Vater seine Kinder mit, wenn er Kundschaft auf dem Lande besuchte. Er chauffierte uns im Opel P 4 über staubige, krumme Landwege, die von Apfelbäumen gesäumt waren, musterte dabei kritisch den Stand der Roggenfelder und entließ seine Sprößlinge schließlich in die Kühle einer Bauernhausdiele.

Die Bäuerinnen jener Tage, die ich bei solchen Besuchen kennenlernte, verschmelzen in meiner Erinnerung zu einem ganz bestimmten Frauentyp: untersetzt, mit selbstbewußtem Schritt, das geflochtene Haar zum Knoten gesteckt. Die bunte Kattunschürze gab kräftige Arme frei, die das Zupacken gewöhnt waren.

Reste eines formalen Gartens in Wrohm mit Feldsteineinfassung und Buchsbaumkugeln. Um die Jahrhundertwende prägte diese historisierende Gartenmode viele Dörfer an der Westküste.

Viel Federlesens machten diese Frauen nicht. Manchmal drückten sie uns ein Stück selbstgebackenen Kuchen in die Hand, manchmal auch gar nichts, und dann kam der längst erwartete Satz: „Gaht man in'n Gorn – dor gifft dat Stickelbeern." Mein Vater setzte stets hinzu: „Und tobt da nicht so rum!"

Stachelbeeren – ein Stichwort, das meinen Bruder sofort in Trab setzte. Während er schon die Hochstämmchen umrundete oder in den kratzigen Büschen untertauchte, stand ich noch zaghaft am Rande der wohlgeordneten Gartenlandschaft und überlegte, wo ich beginnen sollte.

Auch die Bauerngärten der 30er Jahre kristallisieren sich in meiner Erinnerung zu einem typischen Bild: breiter Mittelweg, gesäumt von Beerenobst oder blühenden Stauden, rechts und links im rechten Winkel dazu lange schmale Beete mit Gemüse, Petersilie, Dill und Schnittlauch, dazwischen exakt getretene fußbreite Pfade. Das ganze, meist rechteckige Grundstück eingefaßt von einem Rundumweg, auf den alle anderen Wege mündeten und der oft an einer Hecke entlanglief. Obstbäume irgendwo an der Seite oder im Hintergrund. Rasen gab es noch nicht.

Der Mittelweg in den Bauerngärten hatte für mich als Kind immer etwas Feierliches, Verheißungsvolles. Man konnte ihn abschreiten wie eine Prinzessin – auf beiden Seiten begleitet von blühenden Vasallen wie Taglilien, Bartnelken, Bauernrosen, Rittersporn, Phlox, Astilben und Tigerlilien. Dahinter duckte sich das Fußvolk, aufgereiht in schnurgeraden, langen Kolonnen: Salatköpfe, Erdbeeren, Möhren, Zwiebeln und Porree, Erbsen, Buschbohnen, Gurken, Grünkohl und Rhabarber. Alles überragte wie eine Reihe gekreuzter Speere die Phalanx der Stangenbohnen.

Diese Welt war mir vertraut, hatte ich doch schon bei meiner Mutter früh gelernt, wie man Beete anlegte, Pfade an der Gartenschnur entlangtrat, Rillen für das Saatgut zog, alle möglichen Samen in die Erde brachte und die auflaufenden Keimblätter voneinander unterschied. In jedem Bauerngarten verspürte ich von neuem das Geheimnis vom Werden, Wachsen und Reifen.

Und dann die Düfte! Sie vermischten sich auf wundersame Weise. Zu Anfang der Ferien dominierten noch die Blumen. Doch je mehr Wochen vergingen, desto eindeutiger verschob sich der Akzent auf das Gemüse, bis ganz pünktlich zu meinem Geburtstag das Aroma von Zwiebeln und Gurken alles beherrschte.

Nur ein- oder zweimal fand ich als Kind einen vom Wirtschaftsgarten abgetrennten, noch gut erhaltenen kleinen Bereich, den wir heute einen „formalen" Garten nennen würden. Da gab es ein kleines, kreisrundes Mittelrondell, umgeben von in Kreissegmenten angelegten Beeten, die mich wie große Tortenstücke anmuteten. Alles war mit geschorenem Buchsbaum eingefaßt. Auf diesen Beeten wuchs fast nichts. Deshalb mochte ich sie nicht. Ein paar Sommerastern mühten sich, in ihrem geometrisch geformten Gefängnis zur Blüte zu kommen. In der Nähe stand im Schatten hoher Bäume ein bizarres, mannshohes Felsengebilde, von Moos und grünen Algen überzogen.

„Für wen ist das Denkmal?" fragte ich die Erwachsenen. Aber die zuckten nur mit den Schultern. So blieb mir ein vager Eindruck von Friedhof und Grabmal. Heute weiß ich, daß dieses Gebilde eine Grotte darstellen sollte, wie sie im 19. Jahrhundert in größeren Gärten

Marschboden ist Narzissenboden – Frühlingsblühen in einem Busenwurther Bauerngarten.

modern gewesen war. Zum Klettern erwies sie sich als ungeeignet. So begnügten wir Kinder – der väterlichen Ermahnung zum Trotz – uns damit, in dem Minilabyrinth der Buchsbaumwege „Kriegen“ zu spielen, bis einer von uns auf der Nase lag und mit zerschundenem Knie davonhumpelte.

Diese spielerische Gartenerfahrung wandelte sich in den folgenden Kriegs- und Nachkriegsjahren unversehens zum Ernst des Lebens. Natürlich war es immer noch wichtig, daß irgendwo eine Reihe pastellfarbener, einjähriger Wicken gesät wurde, deren Duft so unzertrennlich mit der Kaffeetafel an meinem Geburtstag verbunden war. Doch sonst wurde jeder Garten „zur Sicherstellung der Volksernährung“ intensiv bewirtschaftet. Von jedem Beet mußte möglichst zweimal geerntet werden. Alle bisher ungenutzten Ecken wurden in Kultur genommen, damit auch die aus dem Osten vertriebenen Flüchtlinge und die ausgebombten Großstädter sich ein paar Kartoffeln pflanzen konnten. Platz für Blumen im Garten war Luxus. Heikle Ziergewächse, die eingingen, konnten sowieso nicht ersetzt werden, denn auch die Gärtnereien und Staudenvermehrer bastelten mit am „Endsieg“. Jeder war froh, wenn er nur ein paar Saatkartoffeln, Sellerie- und Tomatenpflänzchen ergattern konnte.

Die „höhere Kenntnis“ von der Blumenzucht muß in diesen harten Jahren so weit in Vergessenheit geraten sein, daß in unserer Kleinstadt gleich nach der Währungsreform von fliegenden Händlern für die erste gute D-Mark Dahlienknollen verkauft werden konnten, aus denen dann nichts weiter wuchs als simpler Wurmfarn!

Doch daß überhaupt so schnell das erste kaufkräftige Geld für Gartenblumen lockergemacht wurde, spricht für die ein Jahrzehnt unterdrückte Sehnsucht der Menschen, den reinen Küchengarten zurückzuverwandeln in das Paradies von früher, das Leib und Seele erquickte.

In den Städten entwickelte sich in den 50er und 60er Jahren ein Bauboom. Hochhäuser

Duftende Wicken und Malven am Zaun sind die Visitenkarte eines Altenteilergartens in Thalingburen.

und neue Siedlungskomplexe schossen wie Pilze aus der Erde. Landschaftsgestalter mußten her, um die wüsten Flächen, die ehemals Acker und Weide waren, wieder zu „begrünen". Großzügig und pflegeleicht sollte es sein. Unter Baumschulern kursierte damals ein böses Wort: „Der Gartenarchitekt braucht drei Koniferen und Cotoneaster."

Was dabei herauskam, wissen wir alle: riesige, kurzgeschorene Rasenflächen, eingerahmt von gutgewachsenen immergrünen Bäumen und Sträuchern. Edel, distinguiert und mit dem Motormäher zu pflegen. Eine neue Gartenmode war geboren, in der die alte, bunte Staudenrabatte nichts mehr war als ein Fauxpas.

Ich erinnere mich noch gut an die erste Internationale Gartenbau-Ausstellung nach dem Krieg in Hamburg. Wie Hunderttausende von Besuchern bewunderte ich 1963 die modernen Bungalowgärten der berühmtesten Landschaftsgestalter. Mein Reihenhausgarten mit seinen Lupinen, Maiglöckchen und Herbstastern erschien mir plötzlich hoffnungslos veraltet.

Wie vielen Bäuerinnen mag es ähnlich ergangen sein? Kann man es ihnen verübeln, daß sie die letzten halbtoten Obstbaumkrüppel von 1880 und die Reste des vom Zahn der Zeit angenagten Rondells vor dem Hof abräumen ließen und einen weiten, gepflegten Rasen mit immergrünen Gehölzen anlegten? Es paßte sogar ganz gut zum Haus, denn das verrottete Reet auf dem Dach war schon längst dem Eternit gewichen, und die alten, undichten Fensterflügel sollten demnächst durch moderne Isolierglasscheiben ersetzt werden.

Und doch dauerte es nicht lange, bis sich anklagende Stimmen erhoben. Sie kamen vorzugsweise von Leuten aus der Stadt, deren neueste Idee es war, sich auf dem Lande eine alte Kate oder einen leerstehenden „Resthof" zu kaufen, um sich am Wochenende und im Urlaub von der Steinwüste der Großstadt oder der Monotonie der modernen Randsiedlungen zu erholen.

Sie brachten etwas Neues ins Dorf – den Traum von der heilen Welt und die Sehnsucht

Der Mittelweg mit einer Einfassung aus Polsterpflanzen wird selten im Bauerngarten. In Krumstedt wird noch ein großer Garten auf alte Weise mit Beeten und Steigen bewirtschaftet.

nach der „guten alten Zeit“. Sie sahen sich um in der neuen ländlichen Nachbarschaft, und was fanden sie vor? Den „Verfall der alten bäuerlichen Kultur“, die sie selber oft nur im Museum bewundert und unreflektiert in ihre Tagträume übernommen hatten. Die Nostalgiewelle begann über die Dörfer hereinzubrechen.

Plötzlich tauchten Zäune aus alten Wagenrädern auf, die es vorher niemals gegeben hatte. Ausrangierte Eggen hingen an Hauswänden, alte Milchkannen erzielten beim Trödler Höchstpreise und wurden bunt bemalt auf den Tritt gestellt. Reetdächer, Fachwerkerneuerung, Sprossenfenster und „Klöndören“ kamen wieder zur Geltung. Und natürlich auch der „echte, alte“ Bauerngarten.

Hin und wieder sieht man sie jetzt, die neuen „alten“ Bauerngärten, oft geschaffen nach gründlichem Studium moderner Bauerngarten-Literatur, die da Kreuzweg und Mittelrondell, Buchsbaum, Habichtskugel und ein kunterbuntes Durcheinander von Blumen, Kräutern und Gemüse postuliert. Diese Augenweide, diese fröhliche Idylle, die sich oft hochgemut auf karolingische, klösterliche oder barocke Vorbilder zurückführt, ist mit viel Liebe angelegt und beschert ihrem Besitzer außer gesunder Freizeitbetätigung an der Luft das Vergnügen an Blumen und etlichen Mahlzeiten mit frischem, selbstgezogenem Gemüse. Genug, um einen Traum zu nähren – doch niemals eine Bauernfamilie.

Der wirklich „echte“ Bauerngarten wird immer noch von einer Bäuerin bewirtschaftet. Er ist weit entfernt von jeder Art von Renaissance, vielmehr ein eigenständiges Stück Gartenkultur, eingebunden in die Vorlieben und Zwänge der Zeitläufte, gepflegt mit behutsamen Händen und schmerzendem Kreuz, mit der Freude am meßbaren wirtschaftlichen Ertrag, am Freizeitwert und ganz besonders an einer Ecke, wo endlich mal alles so schön zusammenblüht, wie es vor Jahren geplant und sehnlichst erwartet wurde.

2
Über den Begriff „Bauerngarten“

Das Wort „Bauerngarten“ wird heute in der Regel als ein nahezu ideologischer Begriff gebraucht. Es bezeichnet nicht mehr nur den Garten des Bauern, sondern auch einen ganz bestimmten Stil des Gärtnerns. Dabei kommt es nicht so sehr auf das formale Design an. Es gibt vom streng barocken Grundriß bis zur lockeren Reihung von Beeten alle möglichen Zwischenformen, die heute als „typische“ Bauerngärten gelten.

Was sie von anderen Gärten unterscheiden soll, ist die Art ihrer Bepflanzung und die Auswahl der Pflanzen. Monokulturen zum Beispiel gelten als Sakrileg. Rasenflächen und Tannen eigentlich auch. Bunt und locker soll es sein, Nützliches und Zierendes sollen sich mischen, sollen verschmelzen zu einer harmonischen, gesunden Einheit. Nur die bunte Unkrautwiese des Ökogartens wird nicht akzeptiert.

Aber das ist nicht alles. Strenge Verfechter der Bauerngartenkultur halten sogar darauf, daß alten, längst vergessenen Würzkräutern und Blumen wieder ein Ehrenplatz eingeräumt wird. Sogar die Sortenfrage kann ein brisantes Thema sein. Schwertlilien sind natürlich in Ordnung, aber bitte nicht die neuen mit den großen Flatterblüten und den modernen Farben! Es ist nur gut, daß solche strengen Maßstäbe nicht auch für das Gemüse angelegt werden.

Unter dem Vorzeichen des wiedererwachten Bedürfnisses nach Natürlichkeit und gesundem Leben haben Bauerngärten dieser Art heute ein sehr positives Image. Es gibt sogar schon Anleitungen für die Anlage von Bauerngärten in der Stadt. Vor hundert Jahren wäre das undenkbar gewesen, denn damals hatte der Bauerngarten keine gute Reputation.

Walter Gröll aus Winsen, der seit Jahren über alte Bauerngärten in Norddeutschland forscht, hat sich die Mühe gemacht, herauszufinden, seit wann es den Begriff „Bauerngarten“ überhaupt gibt. Er scheint nicht so alt zu sein, wie wir vielleicht glauben, und hat zeitweilig einen verächtlichen Beigeschmack gehabt.

Gröll führt das Wort „Bauerngarten“ auf die lateinische Bezeichnung „in hortis rusticorum“ zurück. Im Jahre 1601 erwähnte K. Schwenkfeld in seiner „Flora Schlesiens“ diesen Standorthinweis („in Gärten der Bauern“) für das Vorkommen der Eberraute. Dieselbe lateinische Formulierung benutzte im Jahre 1787 auch C. L. Willdenow in seiner „Flora Berolinensis Prodomus“. Auch bei ihm ist diese Bezeichnung noch eine wertneutrale Standortangabe.

Die Übersetzung von „hortis rusticorum“ ins Deutsche ließ nicht lange auf sich warten. 1684 schon berichtete Schupp in seinen „Lehrreichen Schriften“ über Tulpen in „Bauren-Gaerten“. 1747 tauchte der Begriff „Bauerngarten“ in Berichten brandenburgischer Pfarrer auf und 1787 sogar bei Goethe, der sich in Italien „in einen schlechten, verwahrlos'ten Bauergarten“ gesetzt hatte, um über Nausikaa nachzudenken.

In der zweiten Hälfte des 18. Jahrhunderts stellte Gröll die Bezeichnung „Bauerngarten“ noch mehrmals in Berichten und Flurnamen fest, so daß man annehmen kann, daß sie um diese Zeit in den deutschen Sprachgebrauch eingegangen ist.

Hundert Jahre später schieden sich am Begriff „Bauerngarten“ die Geister. Die in der zweiten Hälfte des 19. Jahrhunderts aus aller Welt eingeführten fremdländischen Blumen und Gehölze veränderten die Gartenmoden. Baumgruppen, „Bosketts“ aus schönblühenden Ziersträuchern und Teppichbeete im Rasen kamen auf – ein aufwendiger und teurer Stil, der die Gärten der Bauern natürlich nicht so schnell erreichte wie die der reichen Städter und des Landadels. Damit wurde ein Bauern- oder auch Pastorengarten um diese Zeit für viele der Inbegriff des Rückständigen oder Lächerlichen.

Eine alte Sorte der Iris germanica, die vor einigen Jahrzehnten in Dithmarschens Bauerngärten häufig anzutreffen war. Sie ist im Gegensatz zu ihren modernen Schwestern wind- und regenfest.

Andererseits kam mit der „völkischen Idee“ auch die Suche nach den „Wurzeln der Nation“. Und da boten sich die altmodischen Bauerngärten als dankbares Objekt frei phantasierter Geschichtsklitterung an. Ihre noch heute manchmal vertretene Rückführung auf die „Kaisergärten“ Karls des Großen stammt aus dieser Zeit.

Dasselbe gilt übrigens für die wenigen Reste formaler Gartengestaltung, die ich noch vor

Judassilberling oder Mondviole – Lunaria annua trägt viele Namen. Seit Jahrhunderten sät sie sich in Bauerngärten selber aus wie hier in Nindorf.

15 Jahren in Dithmarscher Dörfern vorfand und die heute verschwunden sind. Sie gehörten ausnahmslos zu Häusern des späten 19. und frühen 20. Jahrhunderts und waren mit ihnen zusammen angelegt. Auch der Historismus hat in Bauerngärten seine Spuren hinterlassen und manchen gefoppt, der auf der Suche nach jahrhundertealter Gartenkultur war. So weist Walter Gröll darauf hin, daß in der Gartenliteratur des 19. Jahrhunderts durchweg Einfassungen für Beete empfohlen und auch in der Zeit des Jugendstils formale Gärten propagiert wurden.

Es bleibt dem Leser überlassen, ob er für die Tradition des formalen Bauerngartens eine rückläufige gerade Linie ziehen will, die letztlich bei den Römern und ihrer geometrischen Gartengestaltung enden dürfte. Er muß dabei allerdings berücksichtigen, daß über Bauerngärten erst seit etwa 200 Jahren berichtet wird und niemand weiß, wie sie vorher ausgesehen haben.

Angesichts des lückenhaften Quellenmaterials sind der Spekulation Tür und Tor geöffnet. Der Begriff „Bauerngarten“ ist also ein Ding, um das man sich streiten kann wie um des Kaisers Bart.

Wo der Misthaufen so naheliegt, kann es im Gemüsegarten an nichts fehlen! Erdbeeren, hier mit Stroh unterlegt, und Spargel sind arbeitsaufwendige Gartenfrüchte, die um die Jahrhundertwende noch als Luxus galten.

3
Klostergärten als Vorbild?

In der modernen Bauerngarten-Literatur findet sich immer wieder der Hinweis auf den Klostergarten, dessen Grundriß richtungweisend für die Anlage späterer Bauerngärten gewesen sein soll. Bei dieser Theorie gibt es zwei Versionen. Die eine beruft sich auf die Anlage im Innenhof des Kreuzganges der Klöster. Die andere zitiert den Plan des Klostergartens von etwa 820, der im St. Gallener Kloster gefunden wurde und voneinander getrennte Kräuter-, Gemüse- und Obstgärten ausweist.

Die Kreuzgänge der Klöster wurden im Rechteck oder Quadrat angelegt. Vier Wege führten rechtwinklig von den mit Bogengängen überdachten Seiten auf die Mitte zu, mündeten dort in einen kleinen, quadratisch verlaufenden Weg, der als Zentrum des Innenhofes einen Brunnen oder eine besondere Pflanze umgab. Im St. Gallener Klosterplan ist an dieser Stelle das Wort „savina" eingetragen, was Sadebaum (Juniperus sabina) bedeuten soll.

Der Sadebaum ist im Gebirge der Mittelmeerländer und in den Alpen zu Hause und ein Verwandter des von den Germanen verehrten Wacholders. Seine geschuppten Nadeln duften unangenehm und enthalten ein starkes Gift. Es heißt, er habe Zauberei abwenden können und sei deshalb auch in vielen Bauerngärten gepflanzt worden. Ich habe an der Westküste bisher keinen alten Sadebaum in Gärten gefunden, und auch in den Pflanzenlisten der bekannten norddeutschen Bauerngartenforscher des 19. Jahrhunderts, H. Steinvorth und Eschenburg/v. Fischer-Benzon, ist er nicht aufgeführt.

Die Frage, ob der Innenhof klösterlicher Kreuzgänge wie ein Ziergarten bepflanzt gewesen ist, wird vom St. Gallener Plan nicht beantwortet. Dieter Hennebo denkt ihn sich mit Gras ausgelegt oder Efeu bepflanzt. Jedenfalls wird angenommen, daß er Vorbild wurde für die Form späterer Ziergärten auch auf dem Lande.

In südlichen und westlichen Regionen Deutschlands trifft man oft Bauerngärten an, die durch einen Kreuzweg erschlossen werden. Für kleinere Gartengrundstücke dürfte dieser Grundriß sehr praktisch sein. Es wird nicht viel Platz für Wege verschenkt, und die geviertelte Pflanzfläche ist von allen Seiten gut zu bewirtschaften.

Anders sehen die Grundrisse des Kräuter- und Gemüsegartens im St. Gallener Klosterplan aus. Hier findet man deutliche Übereinstimmungen mit den (in der Regel größeren) norddeutschen Bauerngärten bis in die jüngste Vergangenheit.

Ein Mittelweg erschließt die rechteckige Fläche, ein Rundumweg begrenzt sie. Rechtwinklig zu beiden Seiten der Mittelachse erstrecken sich schmale Beete, von Fußsteigen getrennt. Der Obstbaumgarten schließt sich wie im St. Gallener Plan in direkter Nachbarschaft an den bäuerlichen Gemüsegarten an. Eine Anordnung also, die zumindest tausend Jahre alt ist und allen Bedürfnissen eines praktisch denkenden Gärtners entspricht.

Aber wer weiß, ob nicht schon der Eisenzeit-Bauer des Nordens in seinem Garten auf ähnliche Ideen gekommen ist? Wenn er imstande war, einen Gartenzaun zu erfinden, dürfte ihm auch eingeleuchtet haben, daß die Aussaat und das Pflanzen in Reihen die Überwachung, Pflege und Ernte seiner Kulturen erheblich erleichterte. Und von dieser Erfahrung bis zum Beet und Tretpfad ist es nur ein kleiner Schritt.

Wahrscheinlich sind auch unabhängig von den Klöstern schon Gartenerfahrungen gesammelt worden – zum Beispiel in Gegenden, wo Klöster relativ spät gegründet wurden. Nur, daß es dort keine gelehrten Kleriker wie Wahlafrid Strabo, Hildegard von Bingen oder Albertus Magnus gab, die darüber hätten berichten können.

Die Rosa rubra der Antike, R. gallica ‚Officinalis', ist wahrscheinlich 2000 Jahre alt. Im mittelalterlichen Klostergarten wurde sie vom Bruder Apotheker als Heilpflanze und Symbol der Madonna gezogen. Sie hat in Dithmarschen in alten Gärten und Friedhofshecken bis heute überlebt.

Was Dithmarschen betrifft, so sind die ersten christlichen Missionare mit dem Mönch Atrebanus im Jahre 782 über die Nordsee herangesegelt und kurz darauf erschlagen worden. Doch Karl der Große ließ nicht locker. 824 stand die erste Dithmarscher Kirche in Meldorf. Sie blieb für mindestens 150 Jahre die einzige im Lande. Das erste Kloster in Dithmarschen wurde etwa 1322 in Meldorf gegründet. Dominikaner wirkten dort bis zur Reformation. Sicher hatten sie einen Garten, doch seine Lage und seine Auswirkung auf die ländliche Gartenkultur der Umgebung lassen sich nicht mehr nachweisen.

Die Madonnenlilie blühte schon vor 1000 Jahren in Klostergärten. An der Westküste sieht man sie kaum. Das rauhe Seeklima behagt ihr nicht.

4
Spuren aus der Vor- und Frühgeschichte

Die Frage nach der Tradition des Bauerngartens ist töricht, wenn man bedenkt, daß schon die ersten Gärten, die der Mensch sich schuf, Bauerngärten gewesen sein müssen. Als der Nomade seßhaft wurde, sich eine Unterkunft baute und begann, die bisher gejagten Tiere an seinem Wohnplatz aufzuziehen, wurde er zum Bauern. Wir wissen, daß er noch als Seßhafter lange in der Wildnis nach Früchten, Blättern und Wurzeln von Pflanzen gesucht hat, die er für seine Nahrung brauchte. Doch was lag näher, als daß er sich auch diese Dinge in bequeme Reichweite holte?

Er nahm wahrscheinlich ein Stückchen Land, das für die Bodenbearbeitung geeignet schien, in Kultur. Mit Geräten aus Holz und Geweihen lockerte er den Boden und siedelte Bäume und Nahrungspflanzen nahe seiner Wohnstätte an. Die ersten Äcker entstanden.

Doch nicht alles, was er an Pflanzen zur Nahrung brauchte, eignete sich dazu, auf freiem Feld angebaut zu werden. Heikle Dinge, die Wildverbiß und offene Lage in Wind und Wetter nicht vertrugen, mußten besser geschützt werden. Dieser Notwendigkeit verdankt der Gartenzaun seine Erfindung.

Wie mag er ausgesehen haben vor Tausenden von Jahren, als es weder Draht noch Nägel gab? Die denkbarste aller Möglichkeiten ist, daß die ersten Bauern Reihen von Holzpfosten in die Erde schlugen und sie mit dichtem Flechtwerk aus Zweigen verbanden. Eine einfache Konstruktion, die Sicherheit vor größeren Tieren und zugleich Windschutz gab. Der Zaun war es, der ein Stück bebautes Land schließlich zum Garten machte.

Die Archäologen tun sich schwer mit der Forschung über die ersten Gärten in Mitteleuropa. Das ist kein Wunder, denn Gärten verrotten spurlos, während Stein, Keramik und Metall als Zeugnisse menschlicher Siedlungen unter günstigen Umständen Jahrtausende überdauern können. Ackerbau in der Vorgeschichte läßt sich besser nachweisen als Gartenbau. Pollendiagramme zum Beispiel liefern Hinweise auf Unkrautgesellschaften, die typisch für die Feldwirtschaft sind. Verkohlte, ungereinigte Getreidevorräte, in denen sich entsprechende Unkrautsamen finden, bestätigen diesen Zusammenhang.

Der sicherste Nachweis von Äckern sind Pflugspuren, die in der Nähe vorgeschichtlicher Siedlungen freigelegt werden. In Dithmarschen wurden sie von Volker Arnold bei Hemmingstedt, Hohenheide und Lohe festgestellt. Sie stammen aus der Steinzeit. Grabungen am Markt in Meldorf brachten eisenzeitliche Pflugspuren zutage, und in Ostermoor bei Heide war um 100 nach Christi Geburt schon ein schollenwendender Pflug im Einsatz. Doch Bodenzeugnisse von Gärten aus diesen Zeiten gibt es in Dithmarschen nicht.

Ulrich Willerding weist darauf hin, daß Reste von hausnahen Pfostenreihen, die bei Ausgrabungen gefunden wurden, von Zäunen herrühren könnten. Bei einzelstehenden Bodenbefunden, die bisher als „Pfostenlöcher" oder „Pfostengruben" gedeutet wurden und deren Funktion unklar ist, könnte es sich auch um Pflanzgruben von Obstbäumen handeln. Doch diesen Fragen ist von den Forschern bisher kaum nachgegangen worden.

Ein einziges Mal wurde eindeutig ein Garten „ausgegraben". In Fishbourne in England ließen sich bei den Resten einer Römervilla Pflanzgräben bestimmen, die vermutlich für eine Buchsbaumhecke ausgehoben und dann mit Lehm verfüllt worden waren.

Über Bodenbearbeitungsgeräte der Frühzeit wissen wir etwas besser Bescheid. Hacken aus Geweihen gab es schon vor mindestens 4000 Jahren. Es ist allerdings nicht sicher, ob sie nur für den Ackerbau oder auch schon für die Gartenkultur verwandt wurden. Auf der Wurt Feddersen Wierde bei Wesermünde kamen im Marschengebiet Eschenholzspaten aus der römischen Kaiserzeit zutage, die schon mit Eisen beschlagen waren.

Die Römer waren überhaupt Europas Pioniere im Gartenbau. Sie benutzten bereits zwei verschiedene Spatentypen aus Eisen und kannten auch die Harke. Hätte Hermann der Cherusker im Jahre 9 nach Christi Geburt die Römer nicht daran gehindert, ihre Reichsgrenze bis an die Elbe vorzuschieben, dann wäre es um den Nachweis frühgeschichtlichen Gartenbaus in unseren nördlichen Breiten sicher besser bestellt. So war in mancherlei

Dill – hier zwischen Pompondahlien in Bargenstedt – würzt schon seit Jahrtausenden die Speisen. Nach Deutschland brachten ihn die Römer.

Die Walderdbeere wurde schon in der Jungsteinzeit als Nahrungsmittel gesammelt. Kultiviert wird sie erst seit dem Mittelalter.

Hinsicht im nordgermanischen Schleswig-Holstein „das Rad noch nicht erfunden", während es anderswo schon rollte.

Auf die Frage, welche Pflanzen in den frühesten Gärten gezogen wurden, geben Pollendiagramme und Bodenfunde nur sehr unsichere Auskunft. In Abfallgruben der vor- und frühgeschichtlichen Siedlungsplätze finden sich Samen und Kerne von Obstgehölzen, Gemüse und Gewürzen. Man weiß jedoch nicht, ob sie noch in der Wildnis gesammelt, auf freiem Feld angebaut, im geschützten Garten gezogen oder gar importiert worden sind. Nur für den Färberwaid, eine Pflanze, die blauen Farbstoff lieferte, ist nachgewiesen, daß er zur römischen Kaiserzeit in Feddersen Wierde im flutsicheren Bereich der Wurt kultiviert worden ist. Dort wurden auch Überreste von Spaten-Schollen festgestellt.

Immerhin präsentieren uns die Archäologen schon eine erstaunlich lange Liste von Bäumen, Sträuchern, Gemüse-, Würz- und Färbepflanzen, die die Menschen der Jungsteinzeit für ihre Nahrung und Kleidung brauchten und die wir heute noch kennen.

Am häufigsten ist wohl der Wildapfel verzehrt worden. Er stand schon länger als 4500 Jahre vor Christi Geburt an erster Stelle auf der Speisekarte. Mindestens ebensolange werden Mispel, Schlehe, Kornelkirsche, Walderdbeere, Himbeere und Haselnuß gegessen. Sogar Erbsen und Linsen gab es schon.

Etwas jüngeren Datums, aber auch schon in der Jungsteinzeitküche verwandt sind Brombeere, Pastinak, Kohl, Feldsalat, Möhre, Dill und Petersilie. Der Färberwau (Reseda luteola) lieferte ein schönes Gelb für Textilien.

Diese Fundangaben sind aus ganz Mitteleuropa zusammengestellt worden. Für Dithmarschen gibt es keine entsprechenden Belege. Doch die meisten der obengenannten Pflanzen sind auch an der Westküste heimisch und für die Vorgeschichte dieser Region zumindest „gartenverdächtig". Es ist durchaus möglich, daß noch andere Pflanzenarten vorhanden waren, von denen jedoch bisher jeder Nachweis fehlt.

5
1600: Neocorus und die Feldmäuse

So klaffen zumindest für Dithmarschen zwischen den ersten Ackerbauzeugnissen aus der Stein- und Eisenzeit und denen aus der Chronik des Neocorus um 1600 jahrhundertelange Informationslücken. Kein Mariengarten, kein ritterliches Lustgärtchen, wie wir sie von Bildern und Schilderungen aus Deutschlands Westen und Süden kennen, wurde überliefert.

Trotzdem müßte sich zwischen dem 1. Jahrhundert, in dem laut Plinius an der Küste ein „armes Geschlecht" von Menschenhand aufgeworfene Hügel und Dämme im Flutbereich des Meeres bewohnte, und dem 16. Jahrhundert, in dem die reichen Repräsentanten der Dithmarscher Bauernrepublik ihre Verträge mit Königen und Hansestädten schlossen, auch in dieser Region eine Art von Gartenkultur entwickelt haben.

Hopfen im Knick bei Lehrsbüttel. Zwischen 1600 und 1800 wurde er in Dithmarschen zum Bierbrauen angebaut.

Wahrscheinlich aus dem 9. Jahrhundert nach Christi Geburt stammt ein Fund von 60 verkohlten Samen der Feldbohne, Vicia faba, die 1883 bei einer archäologischen Grabung aus der Fahrstedter Wurt bei Marne ans Tageslicht geholt wurden. Sie lagen im ältesten Ziegelbrockenestrich des Siedlungsplatzes und müßten somit aus der Zeit der Wiederbesiedlung der Dithmarscher Marsch nach der Völkerwanderung stammen. Doch ob sie an Ort und Stelle angebaut wurden, ist nicht erwiesen.

Dagegen sind die ältesten Erbsen Dithmarschens, die 1988 aus einem verschütteten alten Keller am Heider Marktplatz ausgegraben wurden, zweifellos bodenständiges Produkt. Sie verkohlten in einem hölzernen Vorratsfaß, nachdem Johann Rantzau in der siegreichen letzten Fehde gegen die Dithmarscher ganz Heide hatte in Brand stecken lassen. Und da sich dieses am 13. Juni 1559 ereignete, dürften die Erbsen noch ein Rest von der Vorjahrsernte gewesen sein. Als sie in Form verkohlter Perlen wieder ans Tageslicht kamen, waren sie also genau 430 Jahre alt.

Aber dieser Fund rückt uns schon in unmittelbare Nähe der Neocorus-Chronik, die zwar umfangreichen Ackerbau mit Erbsen, Bohnen und Getreide bezeugt, doch von Gärten so wenig sagt. Was mag der Grund für dieses Defizit sein?

Hätte nicht Marcus Swin aus Lunden, Mitglied des regierenden Rates der 48er in Dithmarschen, in der Mitte des 16. Jahrhunderts die prachtvollen Renaissancegärten der Fugger in Augsburg kennen können? Die Dithmarscher Herren seinesgleichen kamen weit in Europa herum und richteten ihre Wohngemächer wie die zeitgenössischen hansestädtischen Patrizier ein. Von ihrem Wohlstand und Lebensstil gibt es viele Nachrichten. Sie waren tüchtige Ackerbauern, die ihren Weizen schon in die „Bonengare" säten, obwohl ihnen noch niemand gesagt hatte, daß Bohnen Stickstoffsammler sind und den Boden „düngen". Sie waren erfolgreiche Viehzüchter, Händler, Reeder und Politiker – aber Gärtner waren sie offenbar nicht. Kein einziger schöner Garten wird in ihren alten Chroniken erwähnt.

Dabei war Dithmarschens wichtigster und ausführlichster Chronist um 1600, der Pastor Neocorus auf Büsum, ein „Kind des Landes" und kannte sich mit Wind und Wetter, Pflanze und Tier und den Tugenden und Untugenden seiner Schäflein bestens aus. Gewissenhaft notierte er in den Jahren zwischen 1588 und 1619 rätselhafte Naturphänomene, Hagelschläge, Mäuseplagen („Gottes Strafe!"), Überschwemmungen, Eiswinter, Mißernten durch Schädlinge und reiche Ernten in guten Sommern.

Wir erfahren aus seinen Tagebuchnotizen, welche Früchte auf den schweren Böden der Marsch gebaut wurden und wie schwierig es oft war, sie zu ernten. 1588 war der Herbst so naß, daß die Bohnen erst 14 Tage vor Weihnachten „tho Huß kemen". 1594 richtete schwerer Hagel um Pfingsten großen Schaden am Flachs an. Zwei Jahre später fiel im August so viel Regen, daß alles Ackerland überschwemmt war und die Wege bei der Ernte mit Pfählen und Baken abgesteckt werden mußten, damit man sie nicht verfehlte. Im selben Jahr richteten Mäuse von einer bisher unbekannten Art „gruwlichen groten Schaden" an Weizen, Roggen, Hafer, Gerste und Bohnen an. Auch 1599 wurde wegen einer Mäuseplage

von 14 Scheffel Saat nicht eine Handvoll Korn oder Bohnen geerntet. Die Erbsen wurden auf die Bäume gehängt, um sie vor den Nagern zu retten. In Hemme „schroteten" die Mäuse nachts auf einem Weizenacker die ganze Saat, die am nächsten Morgen hätte eingeeggt werden sollen. Es mußte neu gesät werden.

Im Jahre 1600 fraßen die Raupen die Bäume kahl. 1601 gab es kaum Früchte, weil im April ein Eisregen fiel, der Obst- und Weidenbäume auseinanderriß. Außerdem gab es wegen des kalten Sommers kein Gras, in den Gräben war 14 Tage vor Michaelis schon Eis, und Getreide und Bohnen reiften nicht. Ein Jahr später kam am Sonntag Exaudi ein eisiger Sturm aus Norden, der die in Blüte und frischem Laub stehenden Bäume verdorren ließ.

Aber solchen Katastrophen folgten immer wieder gute Jahre. So war die Ernte 1616 früh, und die Bohnen kamen schon 14 Tage vor Michaelis unter Dach. Wenn es nicht mehr gute als schlechte Jahre gegeben hätte, dann wäre der Reichtum der freien Dithmarscher den Fürsten nicht ständig ein Dorn im Auge gewesen.

Neocorus zählt unter der Überschrift „Van sonderlichen Gaven des Landes Dithmerschen" auf, womit der allmächtige Gott das Land reichlich gesegnet hat: Weizen, Roggen, Buchweizen, Gerste, Hafer, Bohnen, Erbsen, Wicken, Flachs und Hanf. Und das wuchs dort „alleß so hupich", daß es in die benachbarten Städte Hamburg, Bremen, Oldenburg, Emden und nach Spanien und Holland ausgeführt wurde. Sogar Hopfen war gelegt worden und zur Zeit von Neocorus noch relativ neu. Er wuchs nach Angaben des Chronisten sowohl in der Marsch als auch auf der Geest „mächtig schön und kräftig".

Dies ist das Kapitel der Dithmarscher Geschichtsschreibung, in dem zum erstenmal das Wort „Garten" auftaucht. „It hefft ok herliche schone Garden", denen es an allerlei Obstbäumen nicht mangelt: Äpfel, Birnen („Beren" bei Neocorus kann sowohl Beeren als auch Birnen bedeuten), Nüsse, groß und klein, Pflaumen, Speierlinge (Haus-Eberesche, Sorbus domestica), Kirschen, Kriechenpflaumen und andere.

Dithmarschens älteste Erbsen: 1559 am Heider Marktplatz im Keller eines brennenden Hauses verkohlt und 1988 von Archäologen ausgegraben.

Rosa alba, die Weiße Rose der Antike, hier in der vermutlich ältesten Form der ‚Semiplena‘, blühte 1618 an einem Bauernhof bei Büsum.

Die Aufzählung beweist, daß um 1600 an den stattlichen Höfen zumindest vielseitig bepflanzte Obstgärten lagen. Die Tatsache, daß Neocorus mehrfach Kirschen erwähnt, spricht sogar für einen recht modernen Stand im Obstanbau. W. Achilles hat für die hannoverschen Bauerngärten ermittelt, daß es in ihren Obsthöfen bis in die zweite Hälfte des 18. Jahrhunderts noch keine Kirschbäume gab. Auch für das Heidedorf Sprakensehl wird von W. Thies 1925 festgestellt, daß dort die früher in Bauerngärten fehlenden Kirschbäume angepflanzt worden seien.

Aber vielleicht gibt Neocorus doch schon einen versteckten Hinweis auf Gemüsegärten, denn „Cipoln (Zwiebeln), Vunfflochröven (welche Rübensorte mag das sein?), Wortelen (Wurzeln) . . . unnd allerhandt schone Krud (schöne Kräuter)“, die er an anderer Stelle erwähnt, gehören wohl nicht mehr auf den Acker, sondern in die Nähe des Hauses hinter einen Zaun.

Daß Wurzeln auf den Dithmarscher Höfen damals gern gegessen worden sind, bezeugt eine lakonische Eintragung des Pastors aus dem Jahre 1600: Johan Alkens, Krineke Johan Maaß' Tochter Telse und Bulken Jacobß Reimer „hebben sick in Wortelen doot gegeten“. Nicht umsonst wetterte der streitbare Geistliche des öfteren über „Averfloth unnd Unmechtichkeit an Eeten unnd Drinken“ im Lande!

Aber er war nicht nur ein kritischer Chronist, sondern freute sich auch an den kleinen Besonderheiten der Landesflora. So vermerkte er 1618 eine weiße Rose, die noch drei Wochen nach Michaelis beim Bauern Hieronymo Wisen auf Büsum blühte – „sehr wolrukend, welches doch hier ungewohnlichen“. Und im selben Jahr berichtete er, daß er des öfteren schon von seinen Bäumen zwei Kirschen an einem Stiel, gleich groß, schön und rot, geerntet habe. Diesmal habe er sogar drei an einem Stiel gehabt und sie, wie immer, „umme Lust willen“ über den Tisch gehängt, wo sie viele Leute gesehen hätten.

Zwiebeln, Wurzeln, schöne Kräuter, weiße Rosen und dreifache Kirschen – das alles hört sich doch schon ein wenig nach Bauerngarten an. Doch über die Blumenzier in Dithmarscher Gärten läßt Neocorus uns im ungewissen. Die erste spärliche Nachricht über blühende Zierpflanzen wurde erst im 18. Jahrhundert in der Stadt Heide zu Papier gebracht. Danach kann es, gemessen an damals bekannten herrschaftlichen Gärten, deren Beschreibungen in der Gartenliteratur zu finden sind, nur ein sehr bescheidener Blumenflor gewesen sein, den sich die Westküstenbäuerin zu ihrem Vergnügen leistete.

6
1742: Der entwichene Gärtner Mayern

Im Stadtarchiv von Heide in Dithmarschen gibt es ein handgeschriebenes „Inventarium" über den Nachlaß eines Gärtners namens Christian Andreas Mayern, „ausgefertiget Heyde, den 13. April 1742" von Nic.(olaus) Timm, Kirchspielsvogt. Ach, hätte dieser gute Mann gewußt, welch aufschlußreichen Lesestoff er da für die Nachwelt niederschrieb – vielleicht hätte er sich mit seiner Handschrift ein bißchen mehr Mühe gegeben! Aber wahrscheinlich war er in Eile und der Sache auch ein wenig überdrüssig, denn er hatte buchstäblich jede Kleinigkeit in Haus und Garten aufzuzählen und zu beschreiben. So gibt es in seinem über 44 Seiten laufenden „Inventarium" manche Namen und Worte, die sich in den kühnen Schlingen des Federstrichs verheddern und für heutige Schriftgelehrte unleserlich sind.

Gärtner Mayern, „zur Heyde bey der Mühlen", war entwichen. Wer weiß, weshalb – wahrscheinlich war er vor seinen Gläubigern davongelaufen. Seine „sämptlichen Güter" waren am 7. April 1742 auf Anordnung des Landvogts versiegelt worden, um sechs Tage später „inventiert" zu werden.

Nichts in Haus und Garten wurde ausgelassen. Von der erstaunlich großen Zahl der Bücher (44, davon vier Gartenbücher und mindestens 20 Bände geistlicher Erbauungslektüre) bis zu den geräucherten Schinken, der hölzernen Brille und ein Paar „rauhen Mannes Hanschen" (Handschuhe) tut sich hier ein Einblick in den Haushalt und die Privatsphäre eines nicht sehr begüterten Gärtners in einer ländlichen Kleinstadt des 18. Jahrhunderts auf.

Mayerns Fachliteratur befand sich zusammen mit den anderen Büchern in der Wohnstube. Schade, daß wir nicht wissen, ob er sie oft benutzt hat. Sein ältestes Gartenbuch stammte nämlich noch aus dem Jahre 1605. Es war in Leipzig gedruckt und trug den Titel „Der wohlbestellte Garten Bau durch A. D. . . .(unleserlich)". Hatte er es von gärtnernden Vorfahren geerbt, oder konnte man es zu Anfang des 18. Jahrhunderts noch kaufen?

Sein zweitältestes Gartenbuch hieß „Delitia hortense", Stuttgart 1676. Man könnte den Titel mit „Gartenlust" übersetzen. Ein „Pflantz Büchlein" aus Pirna trug kein Erscheinungsdatum, und „Hinrich Heßens Neue Garten Lust" war 1706 in Leipzig gedruckt.

Im Garten fand der Kirchspielsvogt zwei Spaten, eine breite Forke, eine Steigschuffel ohne Stiel, eine Gartenschnur, drei Harken mit eisernen Zinken, einen Saatkasten, einen roten Eimer, etwas undefinierbar Geschriebenes, von dem nur die Worte „dänisch" und „ohne Wagen" zu erkennen sind, einen Strick mit Körben und einen Erbsensticker. Was letzteres gewesen sein mag, läßt sich nur erraten. Wahrscheinlich eine Art Pflanzholz für die Erbsenaussaat. Wenn man noch die Maulwurfsfalle hinzuzählt, die auf dem Dachboden lag, dann waren es 14 Geräte, mit denen Gärtner Mayern seinem Handwerk nachgegangen war.

Doch das größte Betriebskapital, das er zurückgelassen hatte, steckte wohl in seinen Samen. 92 Beutel und gefaltete Papierchen in sechs verschiedenen Farben mit Mengen zwischen zwei Scheffel (ein Rendsburger Normalscheffel faßte zu Mayerns Zeiten 42,5 Liter) und einem Loth waren zu wiegen und registrieren.

Kein Wunder also, daß die Liste unter der Überschrift „An Garten–Saamen" gleich mit „schwartzkapsttigste" Erbsen beginnt und noch manche andere rätselhafte Bezeichnung enthält. Schließlich war der Kirchspielsvogt nicht vom Fach – der Schweiß muß ihm beim Schreiben all der ungewohnten Worte auf der Stirn gestanden haben. Vielleicht lag die Schwierigkeit ja auch bei der originellen Orthographie des Gärtners. Jedenfalls muß sich jeder, der sich heute durch diese handgeschriebene Liste arbeiten will, daran gewöhnen, daß es Porree, Börre oder Poree heißen kann, daß „Robeet" Rote Bete ist und Angnecken- oder Angnickensaat ein ungelöstes Rätsel bleibt.

Was uns die Chronisten des 18. Jahrhunderts über die Bauerngärten an der Westküste verschwiegen haben, kann mit großer Wahrscheinlichkeit aus dem Samenlager des Heider Gärtners abgelesen werden. Mayern war kein großer Händler mit einer elitären Auswahl. Er dürfte angeboten haben, was in den umliegenden Dörfern der Marsch und Geest gebraucht wurde und ohne besondere Mühe gezogen werden konnte.

Das wilde Stiefmütterchen wartete zu Lebzeiten des Gärtners Mayern noch darauf, als Gartenblume entdeckt zu werden. Hundert Jahre später war es groß und prächtig herangezüchtet worden und kostete 30 Schilling das Stück.

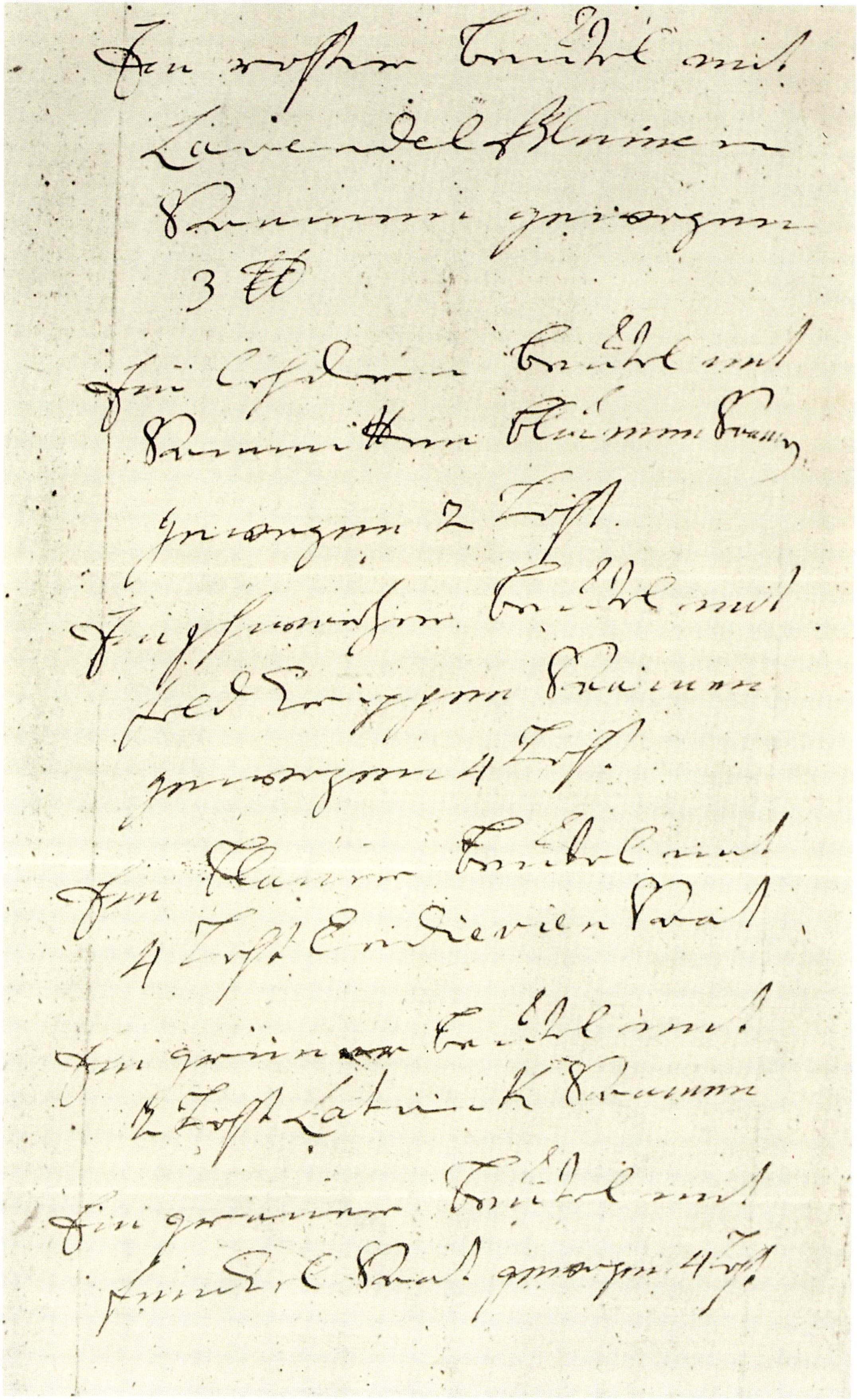

Handschrift des Inventariums von 1742 über den Nachlaß des „entwichenen“ Gärtners Mayern aus Heide. Hier wird zum erstenmal die „Sammitten Blume“ (Samtblume, Tagetes) für Dithmarschen aktenkundig.

Das war natürlich vor allem Gemüse. An erster Stelle rangieren die Bohnen – Grundnahrungsmittel der Landleute, bevor der Kartoffelanbau begann. Nach E. Finder wurden in den Vierlanden um 1750 die ersten Äcker mit Kartoffeln bestellt. Gärtner Mayern waren sie vielleicht noch unbekannt. Über vier Scheffel und 48 Pfund Bohnensaat in drei Sorten ließ er zurück, davon nur sechseinviertel Pfund türkische Bohnen und zweieinhalb Pfund Krupbohnen – Sorten, die im Garten gezogen wurden. Der große Rest waren „welsche" Bohnen, die für den Feldanbau bestimmt gewesen sein dürften.

Nach den Bohnen kommen in Gärtner Mayerns Samenangebot die Erbsen. Über 43 Pfund in sechs Sorten, darunter Zuckererbsen, Schellerbsen (englische Züchtung, später in „Schalerbsen" eingedeutscht) und „schwartzfleckte" Erbsen, die wir heute nicht mehr kennen.

Kohl, in Dithmarschen heute die vorherrschende Feldfrucht, war auch 1742 schon sehr gefragt, aber wohl eher noch für den Garten. Zweidreiviertel Pfund und 26 Loth Samen wurden im Inventar vermerkt. Das weitaus meiste davon war Braunkohl (heute vom Grünkohl abgelöst). Weißer Kopfkohl, Savoyenkohl (Wirsingkohl) und Blumenkohl waren die anderen Sorten.

An Rübensamen waren dreieinhalb Pfund und zehn Loth auf Lager. Marksche (Märkische) Rüben waren wohl eine Delikatesse. Nur zwei Loth Samen gab es davon. Der Rest waren „Rüben" und „Herbstrüben".

Die gelbe Wurzel, an der sich zu Neocorus' Zeiten drei Dithmarscher totgegessen hatten, war nur mit einer Sorte vertreten – immerhin dreieinviertel Pfund und 21 Loth Samen.

Weitere Gemüsearten, die der Heider Gärtner verkaufen wollte, waren Spinat, schwarzer Rettich, Rote Bete, Porree, Zwiebeln, Radieschen, Monatsrettich, Endivie, Fenchel, Sellerie, gemeiner Lattich, Salat und Zuckersalat. Man sieht, auch ein Vegetarier wäre im 18. Jahrhundert in Dithmarschen über die Runden gekommen.

Eine Gartenschnur gehörte 1742 zum Handwerkszeug des Gärtners Mayern in Heide. Hier wartet sie zusammen mit einer Gießkanne in einem herbstlichen Marschgarten darauf, ins Winterquartier einzuziehen.

Die Liste der Würzkräuter, die im Inventar des Mayerschen Samenbestandes zusammenkommt, ist erstaunlich lang, zumal ein Blick in gedruckte norddeutsche Kochbücher zwischen 1750 und 1850 den Eindruck erweckt, als habe die Wissenschaft vom Würzen hier noch in den Kinderschuhen gesteckt. In der Heider Gärtnerei gab es 1742 Samen von Thymian, Majoran, Petersilie, Rosmarin, Basilikum („Brunsillien"), Kerbel, Bohnenkraut („köle"), Dill, Cardobenedicte, krausem Salbei, Weinraute und der rätselhaften „Angnecke", hinter der sich vielleicht Erzengelwurz (Angelica) verstecken könnte. Das sind immerhin zwölf Kräuter, die eine uralte Gartentradition haben und von denen mindestens die Hälfte noch heute im ständigen Gebrauch ist.

Spätestens an dieser Stelle erhebt sich wahrscheinlich bei engagierten Gartenbuchlesern der Schrei nach dem „Capitulare de villis". Nichteingeweihten sei verraten, daß es sich um eine Urkunde aus den Jahren kurz vor 800 handelt, in der für die Landgüter Karls des Großen eine Wirtschaftsverordnung erlassen wurde. Sie enthält unter anderem eine Liste der Pflanzen und Bäume, die in den Gärten der kaiserlichen Höfe gezogen werden sollten. Inzwischen ist das „Capitulare de villis" in Gartenbüchern so oft abgedruckt worden, daß ich darauf verzichten will, obwohl es natürlich keinen Gartenfreund kaltläßt, wenn er hört, daß sein Porree und sein Schnittlauch, seine Bohnen und Gurken schon seit mindestens 1000 Jahren in den Gärten überdauern und nicht das geringste Zeichen von Lebensüberdruß erkennen lassen. 94 Pflanzen und Gehölze sind im „Capitulare" aufgeführt. Wetten, daß es keinen noch so kleinen Garten gibt, in dem nicht mindestens ein halbes Dutzend davon munter sprießt?

Ob Gärtner Mayern in Heide 1742 noch etwas von Kaiser Karls Pflanzenliste gewußt hat, wissen wir nicht. Aber 20 von den 83 kaiserlich verordneten Würzkräutern und Gemüsearten waren bei ihm noch zu kaufen.

7
Von ersten Blumen in Bauerngärten

An Gärtner Mayerns Samenvorrat ist deutlich zu erkennen, daß die Bauerngärten des 18. Jahrhunderts in Dithmarschen noch reine Nutzgärten gewesen sind. Unter 92 Beuteln fanden sich nur neun kleine und „ein blau Papier“, die eine bescheidene Auswahl an Blumensaat enthielten. Es handelte sich um Lavendel, Nelken, Tagetes, Fuchsschwanz (der auch wie Spinat gegessen wurde), Rittersporn, Ringelblume (Calendula) und Lupinen. Drei Pfund Lavendelsamen! Nach anfänglichem Staunen erinnert man sich, daß Kissen mit getrocknetem Lavendel benutzt wurden, um der Wäsche einen frischen Duft zu geben. Wahrscheinlich wird er auch in Dithmarschen in großen Mengen für diesen Zweck gebraucht worden sein. Lavendel ist ein ausdauerndes Sträuchlein, das allein zur Gartenzier nicht ständig hätte erneuert werden müssen. Aber es ist ein Gewächs der südlichen Wärme, das nach meiner Erfahrung im rauhen und feuchten Salzwind der Nordseeküste nur ein klägliches Abbild seiner Schönheit gibt. Vielleicht wurde Lavendel deshalb in Dithmarschen wie eine Ein- oder Zweijahrspflanze kultiviert, was den großen Samenbedarf erklären würde.

Die nächstgrößte Verbreitung in den Bauerngärten dürften die Nelken gehabt haben. Sie sind vermutlich bei Mayern mit zwei Sorten vertreten: 14 Loth Nelkensamen, 2 Loth Negelkensamen. Könnte eine davon die Bartnelke gewesen sein? Nelken waren wahrscheinlich wie Lavendel ihres starken Duftes wegen sehr beliebt.

Mit je drei Loth sind Fuchsschwanz- und Ritterspornsamen verzeichnet. Der Fuchsschwanz ist nach W. Schulz in den Bauerngärten des Wendlands erst um 1900 als neue Sommerblume aufgetaucht. Um so erstaunlicher ist, daß er 1742 in Heide schon gehandelt wurde. Auch der einjährige Rittersporn soll erst um die Jahrhundertwende im Wendland Bauerngartenblume geworden sein und ist schon 150 Jahre früher in Dithmarschens Dorfgärten zu Hause.

Zwei Loth Samen der „Sammitten Blume“ (Samtblume = Tagetes) hatte Gärtner Mayern als besondere Kostbarkeit in einem ledernen Beutel aufbewahrt. Sie waren zu seiner Zeit wohl sehr teuer, denn die berühmte Baumschule Booth in Flottbek verkaufte sie noch 1807 für eine Mark das Loth! Die Tagetes, ein feuriger Einjahrsblüher, hat ihren monatelangen orangegelben und samtbraunen Flor schon Ende des 16. Jahrhunderts von Mexiko nach Europa gebracht und ist heute der „Hans Dampf in allen Gassen“. Sie ist so leicht zu ziehen, daß sie überall in warmen und gemäßigten Breiten schnell Fuß gefaßt haben sollte. Trotzdem wird die Tagetes in den Listen der Bauerngartenblumen des 19. Jahrhunderts nur selten genannt, und auch die moderne Bauerngarten-Literatur hat nicht viel im Sinn mit ihr. Vielleicht ist sie zu allgegenwärtig, um noch ernst genommen zu werden?

Wenn dem so wäre, hätte eigentlich die Ringelblume (Calendula) dieses Schicksal mit ihr teilen müssen. Doch dieser uralte, ebenso leuchtkräftige Gartenschatz, der dieselben pflegeleichten Eigenschaften hat, wird in keiner Schrift und kaum einem ländlichen Garten vergessen. Sie stammt aus dem Mittelmeerraum, soll schon im Mittelalter die von Albertus Magnus empfohlenen Grasgärtlein geschmückt haben und wird als Heilpflanze für die Hautpflege noch heute offizinell genutzt. Sie samt sich so leicht selber aus, daß Gärtner Mayern 1742 wahrscheinlich deshalb nicht mehr als ein Loth Saat von ihr bereithielt.

Tagetes war 1742 noch eine Kostbarkeit, deren Samen Gärtner Mayern in einem ledernen Beutelchen aufbewahrte. Heute prahlt sie mit südlichem Feuer aus jedem Bauerngarten – hier in Barsfleth unter einem grauen Küstenhimmel.

Lupinen könnten zu seiner Zeit relativ neu im Bauerngarten gewesen sein, denn von offenbar zwei verschiedenen Sorten hatte Mayern nur je ein Loth im Vorrat. Lupinen, auch Feigbohnen genannt, wurden 1713 im „Hortus Eystettensis“ bereits in den Farbvarietäten der gelben und hellblauen Waldlupine („Wilde blaue Feigbonen“) und der weißen und dunkelblauen Gartenlupine („Groß frembd purpurblau Feigbonen“, Lupinus Sativus major) dargestellt. Welche Sorten in Heide angeboten wurden, läßt sich aus den Bezeichnungen „Lupinensamen“ und „bundte Lupinen“ nicht einwandfrei ableiten.

Es bleibt die Frage nach dem Gartenmohn. Papaver somniferum, der Schlafmohn, in

Die Ringelblume (Calendula), ein uralter pflegeleichter Gartenschatz aus dem Mittelalter, ist nachweislich seit mindestens 250 Jahren in Dithmarschens Dörfern heimisch.

Weiß, Lila, Rot oder dunklem Purpur trägt das Empfehlungsschreiben Karls des Großen mit sich und erlebt gerade jetzt in den modernen, „nachempfundenen" Bauerngärten eine Art von Renaissance. Diese prächtige Einjahrsblume ist schon deshalb nicht vergessen worden, weil sie der Lieferant von Opium ist. Auch wird ihr Samen noch heute in Mohnkuchen verbacken.

Gärtner Mayern müßte sie gehandelt haben. Im Inventar seines Warenlagers tauchen zwei Namen auf, die mit Mohn zusammenhängen: das sind zwei Pfund „Mohnwurtsel Saat" und neun Loth „Mohnkapsten Saat". Die Bezeichnung „Mohnkapsten" entspricht vielleicht dem „Mojnkatt" oder „Mannekopper" (= Mohnkopf) von Fischer-Benzon, der diese beiden plattdeutschen Namen 1891 in seiner Arbeit „Unsere Bauerngärten" für Schlafmohn anführt.

Ein „blau Papier" mit unterschiedlichen Blumensamen, wahrscheinlich Vorläufer unserer heutigen Tütchen mit der Aufschrift „Bunte Mischung einjähriger Sommerblumen", beschließt den Reigen der Bauerngartenblumen, die wir für die Mitte des 18. Jahrhunderts in Dithmarschen aktenkundig haben.

Es ist nicht viel. Und doch, wenn man's recht fröhlich durcheinander ausstreut, dann gibt es schon ein schönes Bild: das Weiß, Rosa und Rot der Nelken, das leuchtende Blau des Rittersporns, das Gelb und Orange von Tagetes und Ringelblume, dazu die gedämpfteren Töne von Fuchsschwanz, Lupine, Mohn und Lavendel. Ein Farbspiel, das sich Jahr für Jahr mühelos wiederholen läßt, denn die meisten dieser Blumen säen sich von selber aus und erhalten sich fast ohne Pflege. Und deshalb treffen wir die ganze bunte Gesellschaft bis auf den Fuchsschwanz und den Lavendel, die selten geworden sind, noch heute in den Gärten der Dithmarscher Dörfer an.

Allerdings gibt es ein paar ebenso pflegeleichte Sommerblumen, die damals schon hätten dabei sein können, in Gärtner Mayerns Samenlager aber fehlen. So vermisse ich die Kapuzinerkresse, die Nachtviole (Hesperis matronalis), das Mutterkraut (Chrysanthemum parthenium) und das heute noch unentbehrliche Stiefmütterchen. Letzteres war im 18. Jahrhundert aber wohl noch nicht zu seiner jetzigen Größe und Farbenpracht herangezüchtet worden und deshalb als Gartenzier uninteressant.

8
Vom Gemüse – was kam auf den Tisch?

Ob die bäuerlichen Gemüsegärten und Kräuterbeete so reich und vielseitig ausgestattet waren, wie man nach den wenigen uns erhaltenen Samenkatalogen der Händler dieser Zeit vermuten könnte, bleibt eine offene Frage. Ganz gewiß ist in den einzelnen Gärten – genau wie heute – nicht alles gezogen worden, was im Handel angeboten wurde. Wie groß die Pflanzenvielfalt im Garten war, hing wohl auch damals vom Geschick, Interesse und von der Zeit ab, die die Bäuerin für ihren Garten aufwenden konnte. Es gab gewisse Grundnahrungsmittel, die einfach angebaut werden mußten. Dazu gehörten Bohnen, Kohl und Rüben. Diese Gemüsesorten wurden meist jedoch als Feldfrucht kultiviert, so daß die Bäuerin sich für den ständigen großen Bedarf auf dem Acker bedienen konnte.

Kartoffeln kamen in Dithmarschen, wie 1802 in den „Landwirtschaftlichen Nachrichten" vermerkt wurde, seit etwa 1790 in größerem Maße als Feldfrucht hinzu. Es hieß, sie würden vor allem in der Marsch („mehr als man davon verbraucht") gebaut, doch gerieten sie im Sandboden der Geest am besten. Vier Sorten wurden genannt: die kleine weiße holländische, die weiße Speisekartoffel, die Vieh- oder Schweinskartoffel und die frühreife. Letztere wurde übrigens nur im Garten angebaut und erzielte, wenn sie nicht für den eigenen Bedarf gebraucht wurde, um 1800 den Spitzenpreis von fünf Mark je Tonne, wobei die Tonne zu dieser Zeit etwa 100 Kilogramm faßte.

Der unbekannte Chronist berichtete 1802 außerdem, daß in den Küchengärten der Marsch- und Geestbauern „außer verschiedenen Blumen Gartenerbsen verschiedener Art, grüner, auch weißer Kopfkohl, dieser letztere sonderlich in der Marsch und daselbst auch Spargel" gezogen würden. Ferner „verschiedene Specereigewächse als: Petersillie, Sellerie, Schalotten, Zwiebeln, Knoblauch und Graslauch, Dillauch, etwas Kümmel und dergleichen mehr". Die Liebhaberei für den Gartenbau habe seit einigen wenigen Jahren sehr zugenommen, und er sei „immer mehr in Aufnahme gekommen".

Da haben wir also eine ziemlich präzise Zeitangabe und Aussage über den Inhalt Dithmarscher Bauerngärten. Sie müssen sich danach gegen Ende des 18. Jahrhunderts zum Schöneren und Besseren gemausert haben. Vielleicht ist damals an manchem Hof überhaupt erst ein richtiger Garten mit vielerlei Gemüse und Blumen entstanden.

In welcher Ordnung er angelegt wurde, ist für diese Zeit nicht belegt. Aber wir können wohl davon ausgehen, daß er sich im Prinzip vom Gemüsegarten des St. Gallener Klosterplans nicht wesentlich unterschieden hat. Blumen wird es wohl am Zaun, am Gartensteig und vielleicht auch auf einem gesonderten Beet gegeben haben. Der Rosenstrauch könnte, wie im Tönninger Katalog vorgeschlagen, am Wall oder des Duftes wegen in der Nähe der Hausfenster vermutet werden. Die alten Gartenrosen um 1800, noch auf eigener Wurzel wuchernd, oft bis zwei Meter hoch wachsend und sehr ausladend, wären innerhalb der Gemüsekulturen sehr störend gewesen – ich weiß das aus eigener Erfahrung.

Die Vielzahl der Würzkräuter, die 1800 und später in den Samenkatalogen angeboten wird, läßt den Eindruck entstehen, daß die Bäuerin vor 150 Jahren mehr Kenntnis von der Kunst des Würzens und mehr Bedarf an Kräutern gehabt habe als ihre „Kollegin" von heute. In der modernen Gartenliteratur wird in der Regel viel davon hergemacht, welch geheimnisvolles Wissen um die heilenden und stärkenden Eigenschaften der Würzkräuter mit den Bäuerinnen früherer Jahrhunderte dahingegangen sei.

Gurken sind wahrscheinlich erst seit Anfang des 19. Jahrhunderts in Dithmarschens Bauerngärten eingezogen. Sie kamen im Mittelalter von den Slawen. Den Westküstenbewohnern mit ihrer Bohnen-, Kohl- und Rübentradition waren sie vielleicht lange zu neumodisch.

Ich weiß nicht, für welche Zeiten und Gegenden das zutreffen könnte – für die norddeutsche Landbevölkerung des 18. und 19. Jahrhunderts offenbar nicht. Ein Blick in die zeitgenössischen Kochbücher zerstört da manche Illusion.

Marcus Loofft, Stadtkoch von Itzehoe, verfaßte das „Nieder-Sächsische Koch-Buch", das 1755 in der 2. Auflage in Altona und Flensburg, 1772 in der 8. Auflage in Lübeck erschien. Es enthält Rezepte für „sowol kostbare als ordinaire Speisen", von denen 35 den „Garten-Gewächsen" gewidmet sind. Betty Gleim's Bremisches Kochbuch von 1854, in Bremen

erschienen, ist ein Handbuch für die „einfach-bürgerliche" und die „höhere und feinere" Kochkunst. Die drei Bücher umfassen einen Zeitraum von 100 Jahren, wobei Marcus Loofft in seiner 2. Auflage 1755 noch für das Kochen am offenen Herdfeuer mit dem Dreifuß schrieb. Seine Kochrezepte sind einfach. Die bei ihm verwendeten Gemüsesorten sind vor allem jene, die uns in größeren Mengen aus dem Samenkatalog des Gärtners Mayern von 1742 bekannt sind: Kopfkohl, Savoyenkohl (Wirsingkohl), Weißkohl, Blumenkohl, Rübkohl (Kohlrabi), brauner Kohl, Märkische Rüben, Erbsen, türkische Bohnen, Spinat, aber auch Sauerampfer, Spargel, Artischocken und Gurken. Trotzdem ist anzunehmen, daß auf den Bauernhöfen der Westküste noch lange viel simpler gekocht worden ist als bei Marcus Loofft.

Er hat übrigens schon 1755 zwei Rezepte für Kartoffeln, nämlich das eine für mehligkochende, die er „Erd-Aepfel" nennt, und das andere für festkochende, die bei ihm „Erdtoffeln oder Tertoffeln" heißen.

Auch auf die Gefahr hin, daß ich für einen Augenblick abschweife, möchte ich hier das erste Kartoffelrezept von 1755 aufzeichnen. Unter „Regula 97, Erd-Aepfeln" steht geschrieben:

„Die Erd-Aepfel muß man vorher abwaschen und sauber abschälen, denn mit ein wenig Salz und Wasser abkochen, sie werden aber geschwind mürbe, daher muß man sich wohl vorsehen, denn das Wasser rein abgegossen und die Erd-Aepfel in eine breite Pfanne oder nur auf eine etwas tiefe Schüssel gethan, mit einem Stücke Butter, ein wenig süßem Rohm (Rahm), gestoßenem Zwieback, ein wenig Salz und Muskatenblumen durchgestofet, so sind sie recht gut."

Mir scheint, das ist eine leckere Art, Kartoffeln zuzubereiten – viel besser, als wir es heute mit unseren stereotypen Salz-, Brat- oder Pellkartoffeln gewohnt sind. Sie waren eben damals etwas Neues, und man hat sich in der Küche Mühe mit ihnen gegeben.

Gemüseverkaufsstand einer Bäuerin in Barsfleth im Sommer 1988. Hier wird angeboten, was in Dithmarschen schon seit Jahrhunderten gezogen wird und auf dem Speisezettel steht. Neu ist, daß sich jeder landfremde Kunde gleich die einheimischen Kochrezepte dafür mitnehmen kann.

In Looffts 8. Ausgabe von 1772 kamen Rüben und gelbe Wurzeln als beim Kochen verwendete Gartengewächse hinzu.

Im „Bremischen Kochbuch“ von Betty Gleim, das 1854 erschien, ist die Palette der Gemüsearten, die sie Feldfrüchte nennt, nicht viel größer geworden: vier Sorten Erbsen, fünf Sorten Bohnen (darunter eine „Spargelbohne“), Kartoffeln (unter ihrem heutigen Namen und in elf Rezepten), aber auch Gurken, gefüllte Zwiebeln, Trüffeln und Champignons.

Daß Pilze im 19. Jahrhundert von den Bauern an der Westküste gegessen worden sein sollten, kann ich nicht glauben. Noch 1952 bangte eine Bäuerin auf Föhr, bei der ich Urlaub machte, um mein Leben, als ich mir in ihrer Küche Champignons zubereitete, die ich mir von der nahegelegenen Pferdekoppel geholt hatte.

So lückenlos sich die Liste der Gemüsearten, die an der Westküste gezogen wurden, in den genannten Kochbüchern wiederholt, so wenig findet man von den Würzkräutern. Gärtner Mayern in Heide hat sie verkauft, doch ob sie jemals im Kochtopf gelandet sind, ist die Frage. 1755 werden in den sehr ausführlichen Rezepten als Gewürze vor allem Sahne und Butter, Speck und Salz, Rosinen, Kastanien, Korinthen, Muskat, Pfeffer (sehr wenig), Zucker, Brühe, Franzwein, Lorbeerblätter, dann endlich – aber auch nur je einmal! – Dill, Kümmel, Bohnenkraut („Kölln“), Schafgarbe („Röhlke“) und Kirschenblätter (zum Gurkeneinlegen) verwendet. Nur die Petersilie, obwohl in den Rezepten überhaupt nicht genannt, muß unentbehrlich gewesen sein, denn für sie gibt es sogar eine Anleitung, sie im Herbst für den Winter in Butter „einzumachen“. Zusatz: „So kann man auch andere Kräuter mehr einmachen, welche man will und verlanget.“ Aber wenn man dem Kochbuch von 1755 glauben soll, dann wurden damals kaum andere gewollt oder verlangt.

Die Ausgabe von 1772 bringt hinsichtlich der Gewürze wenig Neues, und dieses wenige wächst auch nicht im Bauerngarten: Wein, Zimt und Zitronenschale (für Stachelbeeren als Beilage zum Braten).

Im „Bremischen Kochbuch“ von 1854, das schon mehr für den städtischen Haushalt geschrieben wurde, erweitert sich das Gewürzrepertoire für Gemüsegerichte um Essig, Zwiebeln, Schalotten und „Wunderpfeffer“, der neben Pfeffer benutzt wird, um große Gurken zu kochen. Wer weiß, was sich hinter diesem Wundergewürz verbirgt?

Es sieht also so aus, als sei das Angebot an Gewürzkräutersamen, das die Händler vorrätig hielten, zwischen 1750 und 1850 „am Bedarf vorbeigeplant“ gewesen. Doch das ist nicht der Weisheit letzter Schluß und müßte noch genauer untersucht werden.

Immerhin berichtet der Dithmarscher Bauer Johann Peters aus Eggstedt in seinen Erinnerungen, daß es um 1880 auf einem mittleren Bauernhof der Dithmarscher Geest 13mal in der Woche (!) Bratkartoffeln und Brei mit Sirup gegeben habe. Nur am Sonntagabend seien Kaffee, Schwarz- und Weißbrot und Mettwurst auf den Tisch gekommen. Den Ernährungswissenschaftlern von heute müßten die Haare zu Berge stehen: Ein Leben ohne Vitamin C?

9
Vom Untergang der Obsthöfe

Ein sehr charakteristischer und traditionsreicher Teil der Bauerngärten an der Westküste ist der Obsthof. Er ist das älteste Gartenstück, und über ihn gibt es auch die älteste Gartennachricht aus Dithmarschen. Neocorus zählt um 1600 bereits sechs Obstarten und zwei Nußarten auf, die angebaut werden, und läßt seine Liste nach hinten offen, indem er sie mit „und andere" schließt. An der Küste nördlich der Elbe ist der Obstanbau zwar nie ein Exportzweig gewesen wie zum Beispiel in den Elbmarschen, aber die Bäume fruchteten gut, und der Bedarf für die häusliche Ernährung war groß.

Fallobst nach dem Oktobersturm 1988 in Krumstedt.

Der Obsthof war in der Regel ein eingezäuntes oder mit Hecken umgebenes Stück Grasland, das sich meist an den Gemüsegarten anschloß, zumindest aber in unmittelbarer Nähe des Hauses lag. Dort standen, mehr oder weniger regelmäßig gepflanzt, die Apfel-, Birn- und Pflaumenbäume, die Kirschen und die Quitten. Im März spielte der Ostwind unter den kahlen Ästen mit den Teppichen von Schneeglöckchen, die sich dort im Laufe von Jahrzehnten ungestört ausgebreitet hatten. Im April legte sich ein rosigweißer Blütenschleier über die Baumkronen, und im Sommer liefen unter dem grünen Blätterdach die Gänse oder Kälber.

Diese Idylle stirbt. Dazu haben viele Umstände beigetragen, vor allem die technische und wirtschaftliche Entwicklung der letzten 50 Jahre und die Bequemlichkeit. Wozu noch Äpfel trocknen oder Birnen einmachen, wenn man sie den ganzen Winter über knackfrisch kaufen kann? Der Bedarf an selbstgebautem Obst ist geringer geworden, die neuen Veredlungen lassen sich leichter abernten, weil sie mehr in die Breite als in die Höhe wachsen.

So sieht man allenthalben nur noch Reste alter Baumhöfe in den Dörfern. Die Schneeglöckchen blühen noch im Frühling, das Jungvieh trollt sich dort im Sommer, doch die alten, hochgewachsenen Baumrecken stehen lückig und windschief mit brüchiger Krone und geborstener Rinde im Gras.

Ein Stück bäuerliche Gartengeschichte geht dahin, und wenn auch heute hier und da aus Respekt und Liebe zum Althergebrachten oder aus Verantwortungsgefühl für den genetischen oder kulturellen Wert ein paar alte Obstsorten wiederentdeckt und angepflanzt werden, so ist doch nicht damit zu rechnen, daß der jahrhundertealte Obsthof wiederkehrt.

Im Jahr 1792 veröffentlichten die Baumschuler Jakob Peters und Sohn Gerrit aus Tönning in den „Schleswig-Holsteinischen Provinzialberichten" einen Katalog der Bäume und Sträucher, die sie verkaufen wollten. 36 Apfelsorten, 23 Birnensorten, fünf Kirschsorten, drei Pfirsichsorten, zwei Aprikosensorten und sieben Pflaumen- und Zwetschensorten wurden angeboten.

Bei dieser Lektüre läuft jedem, der als Kind von Großvaters Obstbäumen stibitzte, das Wasser im Mund zusammen. Mit dem Augustapfel fängt es an. Dann folgen die berühmten Leipziger Borstorfer, Calville blanche und rouge, Goldpipping, Gravensteiner, Anis- oder Herrenapfel, Krieger, rote und weiße, Comtoireapfel, Passe pomme rouge und blanche, Cousinot, Zwiebel- und Zitronenapfel. Dasselbe gilt für die Birnen. Beurre gris und blanc, Bergamotte, Fürstliche Tafelbirne, Cuisse Madame, Rousselet d'hiver – eine Welt unvergeßlicher Köstlichkeit. Bei den Pflaumen finden sich Sorten wie Reine Claude, Mirabellen, große gelbe Eierpflaume.

Die Preise für die Tönninger Obstbäume von 1792 lagen je nach Sorte und Größe zwischen zwei Mark (Pfirsiche und Aprikosen) und zehn Schilling (niedrige Apfel- und Birnbäume). Aber in welchem Maße im 18. Jahrhundert die Dorfbewohner und Kleinstädter ihre Obstbäume selbst veredelten und damit viel Geld sparten, das geht aus der Liste der Pfropfreiser hervor, die Vater und Sohn Peters anboten. Unter 31 Birnensorten und 28 Apfelsorten konnte die Kundschaft wählen.

So ist es kein Wunder, daß im Jahre 1824 auf einem Gartengrundstück in Meldorf 33 Bäume in 30 Sorten standen. Das ist eine Vielfalt, von der wir heute nur noch träumen können.

Solche eindrucksvollen Baumgestalten werden immer seltener: uralte Birnbäume, die bis in den Himmel wachsen. Diese Gruppe steht als Rest eines früheren Obsthofes in Farnewinkel.

Viele der alten Baumrecken tragen noch reiche Frucht: leuchtendroter Apfelsegen in Wennbüttel West.

Kaufmann Wesselhöft am Meldorfer Markt trug in seinen Notizkalender auf das Jahr 1824 auf der Seite, die dem Himmelfahrtstag am 27. Mai gegenüberlag, seine Obstbäume ein. „Die Bäume in unserem Garten stehen, von Kahlkens Garten oben beim kleinen Stall an gerechnet“ – so beginnt seine über 33 Nummern laufende Liste. Wahrscheinlich waren die Bäume noch jung, erst im Frühjahr gepflanzt, und Wesselhöft wollte nicht vergessen, was er wo zu suchen hatte, denn über den letzten fünf Sorten machte er schon den Vermerk: „Es ist ungewiß, wo sie stehen“.

In seinem Garten überwogen eindeutig die Winteräpfel. Bei 19 Apfelbäumen gab es den Gravensteiner und den Leipziger Borstorfer doppelt. Acht seiner Sorten wurden 1792 von Peters in Tönning angeboten. Sechs verschiedene Kirschbäume zählte Wesselhöft auf – davon drei ebenfalls bei Peters genannt, und fünf verschiedene Birnbäume, die alle im Tönninger Katalog zu finden waren. Zwei verschiedene Zwetschen und eine Reine-Claude-Pflaume rundeten den Bestand ab.

Wir dürfen annehmen, daß die Pflanzung in Wesselhöfts Kleinstadtgarten auch typisch für die Bauerngärten der Umgegend war, denn der Händler Peters in Tönning hatte um sich herum ein rein ländliches Absatzgebiet. In der Hauptsache sind es wohl Bauern gewesen, die sich aus seiner großen Auswahl bedienten.

Schon 1802 druckte die „Schleswig-Holsteinische Vaterlandskunde“ einen Bericht mit „Landwirtschaftlichen Nachrichten aus Dithmarschen“, in dem es hieß, daß man in den Obstgärten des Landes fast alle gewöhnlichen Obstarten und sogar die feinsten Sorten finde. Kernobst sei viel beliebter als Steinobst. Wörtlich heißt es: „Fast durchweg versteht man hier alle gewöhnlichen Arten der Verädlung der Obstbäume. Die Stämme zieht man jetzt gewöhnlich aus Kernen von ädlem Obst. Ehemals nahm man, wie auch jetzt noch, doch nicht häufig, zum Propfen wilde Holzapfelstämme.“

Der Leser erfährt weiter, daß auch Johannis-, Stachel- und Himbeeren sowie Haselnüsse

Noch tummeln sich in Thalingburen die Gänse unter den knorrigen Apfelbäumen, doch der alte Baumbestand ist schon gelichtet.

Eine Kostprobe aus Anna Clausens Malmappe. Zwischen 1890 und 1907 malte die an den Rollstuhl gefesselte Frau des Direktors der Heider Landwirtschaftsschule 174 Apfel-, Birnen-, Quitten- und Pflaumensorten. Hier die Äpfel „Minister von Hammerstein", Goldparmäne, Ontario, Landsberger Reinette sowie die Birne „Choisnard".

angebaut wurden, allerdings in geringerer Menge. Blüten und Beeren vom Holunder wurden gesammelt und zu Tee und Umschlägen benutzt beziehungsweise zu Mus und Suppe verkocht.

Insgesamt bescheinigte der unbekannte Autor den Dithmarschern, daß Gartenbau und Obstbaumzucht bei ihnen zwar erst im Werden seien, aber schon einen großen Fortschritt gemacht hätten. Und er schloß seinen Bericht mit einer Bemerkung, die Kenntnis von Land und Leuten verrät: „Eigentliche Hindernisse des Gartenbaues finden sonderlich hier nicht statt, wenn man nicht die starke Vorliebe der Dithmarscher zu Mehl- und Fleischspeisen in Anschlag bringen will."

Daß der Umgang mit Obst auch eine ästhetische Seite haben kann, bewies Anna Clausen, die Frau des Ökonomierats Dr. Heinrich Clausen, Direktor der Landwirtschaftsschule in Heide, zwischen 1890 und 1907. Nach der schwierigen Geburt ihrer Tochter war sie mit einer Beckenlähmung für immer an den Rollstuhl gefesselt. Sie muß die Früchte ihres Gartens, die für sie jetzt nicht mehr erreichbar waren, sehr geliebt haben, denn sie holte sie sich mit Pinsel und Wasserfarbe ins Haus.

Aus den „Pomologischen Monatsheften" (1890 bis 1907), dem „Praktischen Ratgeber im Obst- und Gartenbau" (1893 bis 1907), aus „Gauchers praktischem Obstbaumzüchter" (1892, 1893), dem „Erfurther Führer" (1902 und 1904), den „Geisenheimer Mitteilungen über Obst- und Gartenbau" (1902 und 1903) und der „Deutschen Obstbaumzeitung" (1907) malte sie insgesamt 174 Apfel- und Birnensorten sowie je eine Quitten- und Pflaumensorte ab.

In natürlicher Größe setzte sie die reife, jeweils vollständige und zur Hälfte aufgeschnittene Frucht aufs Papier. Man möchte sie herunternehmen, ihren Duft einatmen und hineinbeißen. Die Durchsichtigkeit des Augustapfels, das Pelzige des Schönen von Boskoop, das schmelzende Fruchtfleisch der Vereins-Dechantsbirne, all die typischen Pigmentpünktchen und Farbverläufe auf den sonnengereiften Früchten erstanden ihr wieder unter der eigenen, behutsamen Hand. Von Jahr zu Jahr wurden Maltechnik und Gestaltung der Blätter schöner. Es muß ein Glück für sie gewesen sein, ein fertiges Bild dem anderen hinzufügen zu können.

10
Vom Windschutz und ersten Ziergehölzen

Eine wichtige Voraussetzung dafür, daß in einem Küstengarten überhaupt etwas gedeiht, war und ist noch heute der Windschutz. Selbst wer als Feriengast in der Marsch einen Sommersturm erlebt, macht sich noch immer keine Vorstellung, was von Oktober bis Februar bei tage- und nächtelangen Winterstürmen an der Küste los sein kann. Wälle, dichte, breite Hecken und Bäume, die das Schlimmste abfangen, sind unentbehrlich. Deshalb war der Windschirm aus Bäumen am Haus nicht etwa eine repräsentative Zier, wie Walter Gröll es für Gehöfte in Niedersachsen feststellt, sondern auf den Wurten der Marsch ein Muß. Erst in heutiger Zeit gibt es Bautechniken und Material, die es einem Marschhof erlauben, zur Not auch ohne Windschutz auszukommen. Nicht jedoch einem Garten!

Das Ulmensterben hat so manchen seit 80 Jahren dicht „eingewachsenen" Bauernhof jetzt plötzlich dem Sturm preisgegeben. Wie auf dem Präsentierteller liegt er in der flachen Ebene. Wie lange wird es dauern, bis ihm neue Bäume Schutz geben? Wie mühsam wird es sein, sie groß zu kriegen?

Mit diesem Problem beschäftigte sich schon 1846 J. G. Kohl im ersten Band der „Marschen und Inseln der Herzogthümer Schleswig und Holstein". Er stellte fest, daß der Westwind auf den Inseln und an der Küste „eine ganz eigenthümliche Art von Gartenanlagen bedingt". Gemeint sind kleine Gärten, die mit einem Wall umgeben waren, auf dem windfeste Bäume und Büsche angesiedelt wurden. „Hinter dieser Schutzmauer nun kann man es erst wagen, Obstbäume, Blumen und andere Gewächse zu pflanzen." Auch das Innere eines solchen Gartens werde hier und da mit Hecken durchzogen. Alle Bäume und Pflanzen würden möglichst nahe zusammengestellt, so daß ein Gewächs das andere schütze. „Man glaubt nicht, wie wunderlich ein solcher kleiner friesischer oder jütischer Westseegarten aussieht."

Doch, ich glaube es ihm gern, denn ich habe noch 1952 auf Föhr wie verzaubert in so einem Gärtchen gestanden. Es lag hinter einem reetgedeckten Friesenhaus in Witsum.

Kohl beklagt 1846 den großen Holzmangel auf den Inseln und der Festlandsmarsch. In manchen Gegenden könnten die Leute nicht einmal Erbsen bauen, weil sie keine Sträucher hätten, an denen Erbsen ranken können. Der „Dithmarscher Zeitung" von 1832 hatte er entnommen, daß die Bauern im Winter die hölzernen Koppelzaunpfähle, Tore und Schlagbäume mit ins Haus nähmen, weil sie sonst gestohlen und verheizt würden. Auf Föhr und in vielen anderen Küstenorten würden aus Holzmangel Walfischknochen als Pfosten und Zäune verwandt.

Man wird sich also die Marsch um 1800 noch viel kahler vorstellen müssen, als sie heute ist. 1780 schwärmte Heinrich Christian Boie, gebürtiger Dithmarscher und ein Jahr später Landvogt in Meldorf, in einem Brief an seine geliebte Luise Mejer von einer Fahrt zwischen Meldorf und Husum: „Schöner kannst Du Dir keinen Weg denken, als den hieher, wenn keine Sonne sticht. Denn unterwegs sieht man keinen Baum . . ., aber alles an beiden Seiten ist schönste, fetteste Weide und darauf Vieh, gegen welches alles hannöverische von Zwergart zu sein scheint."

Daß Boie in dieser baumlosen Ebene nur die stechende Sonne fürchtet, über den Wind jedoch kein Wort verliert, weist ihn als Sohn der Westküste aus – der nimmt den Wind erst ab Stärke 10 zur Kenntnis.

Doch ein Mindestmaß an Windschutz muß es im 18. Jahrhundert an den Höfen der Westküste und ihren Gärten schon gegeben haben. Das zeigt der Katalog der Baumschule Jakob und Gerrit Peters in Tönning. 1792 bieten sie bereits „Bäume zu Alleen und Hekken" an.

Wo der ständige Wind nichts wachsen lassen will, bewährt sich immer noch der einfache, unverwüstliche Holunder. An der Thalingburener Mühle reckt er seine halbreifen Fruchtdolden in die steife Brise.

Gleich zu Hunderten werden abgegeben Hagedorn (Weißdorn), Linden und Liguster. Das sind noch heute vertraute Gestalten an den Häusern und auf den Wällen der Westküstendörfer. Weiter gibt es den Maulbeerbaum (er ist mit drei Mark das Teuerste im Katalog, wahrscheinlich noch eine Rarität), die Roßkastanie, Kornelkirsche, Quitte, Linde,

Walnuß, Rüster (Ulme), den Flieder, die Johannisbeere in drei Sorten, All- oder Gichtbeere (schwarze Johannisbeere), weiße und rote Himbeere, große Stachelbeere in vier Sorten, Haselnuß, Balsambaum (eine Pappel mit beim Austrieb duftendem Laub), zwei weitere Pappelsorten, darunter schon die italienische Säulenpappel, die noch heute viele Straßen in der Marsch und Geest so auffällig markiert und erst in den letzten Jahren anfängt, an der Umweltverschmutzung zu kranken.

Und dann die Rosen mit den Namen, die heute niemand mehr kennt: Provinzrosen (R. gallica?), Mostrosen (?), Jungfernrosen (R. alba?), einfache gelbe Rosen (R. spinosissima, die Dünenrose?) – schönblühendes, duftendes Gesträuch, das noch Wind und Wetter vertrug.

Doch auch die große weite Welt ließ 1792 in Tönning schon grüßen. Als neue amerikanische Gewächse wurden angeboten: Schlingenbaum (wolliger Schneeball), Rubus odoratus (duftende oder Zimthimbeere), Robinie, Spitzahorn, Weymouthskiefer (!), weidenblättrige Spierstaude in Rosa und Weiß und der Goldregen.

Für mich, die immer geglaubt hat, daß sich vor 200 Jahren an Dithmarschens Bauernhöfen noch Hase und Fuchs „Gute Nacht" gesagt haben, ist der letzte Teil des Tönninger Baumkatalogs eine echte Überraschung. Ich muß gestehen, ich habe mir ins Fäustchen gelacht, als ich bemerkte, daß der vielgelästerte „untypische" Nadelbaum aus Übersee an den reetgedeckten Gehöften des Nordens eine erheblich ältere Tradition hat als die meisten leuchtenden Prachtstauden, die wir heute dem Bauerngarten so selbstverständlich zuordnen.

Vermißt habe ich in der Tönninger Liste den Holunder, der doch an den Höfen und in der Feldmark allgegenwärtig ist. Mit seinen großen weißen, streng duftenden Blütentellern prahlt er im Juni als Charakterstrauch der Westküste. In abergläubischen Zeiten sind ihm geheimnisvolle Kräfte zugesprochen worden. Er konnte böse Geister bannen und Krank-

Das Ulmensterben hat an der Westküste so manchen fast hundertjährigen Baumbestand der Höfe plötzlich durchlöchert oder ganz vernichtet. Auch dieses Bauernhaus westlich von Barsfleth liegt jetzt wie auf dem Präsentierteller in der windgepeitschten Marsch.

heiten abziehen. Irgendwo habe ich gelesen, daß der Bauer seinen Hut vor ihm zog und daß er, wenn er nicht umhinkam, einen Hollerbusch zu fällen, sich vorher bei ihm dafür entschuldigte. Holunder ist noch heute der Windschutzbaum der Westküste. Er versamt sich so reichlich, daß die Tönninger Baumschule 1792 wohl darauf verzichten konnte, ihn anzubieten.

Ich habe einen Marschbauern getroffen, der an der Westseite seines großen Ziergartens versuchte, eine edlere Form als die des einheimischen Holunders zum Windschutz großzuziehen. Es waren lauter verkrüppelte Büsche.

„Dat Schiet will nich", sagte er. Dann zeigte er auf einen prächtig gedeihenden einfachen Holunderstrauch, der sich dazwischengemogelt hatte: „De dore wasst!"

Letztendlich bestimmt die Härteauslese des Windes, was rund um die Höfe grünt. Weiden, Hasel, wilder Flieder, Mirabellen, Weißdorn und Holunder sind bewährte und immer noch vertraute Begleiter, die von Februar bis Juli die Gehöfte mit Farbe und Blütenduft umgeben und bis in den tiefen Winter hinein mit ihren Früchten Nahrungsgrundlage für die Vögel und viele andere Tiere sind.

Guterhaltene Windschirme an den Bauernhäusern sind in Dithmarschen kaum noch zu finden. Diese alten Linden beschützen in Bargenstedt ein mächtiges Dach vor Wind und Sonne aus West und Süd.

Für ein Reetdach ist es wichtig, daß es auf den Sonnenseiten beschattet wird und nicht zu sehr austrocknet. Trockenes Reet zerbröselt leicht. Optimal für die Haltbarkeit solcher Dächer ist ein schwacher Feuchtigkeitsgehalt, der die Halme noch geschmeidig bleiben läßt.

11
Landvogt Boie: Die Exoten kommen

Für das 18. Jahrhundert sind die Quellen über die Bauerngärten an der Westküste noch sehr lückenhaft. Doch geben sie schon eine gewisse Vorstellung: Hinter Wällen oder Hecken aus vorwiegend einheimischen, windfesten Gehölzen Beete mit den gängigsten Gemüsesorten, die als Grundnahrungsmittel täglich gebraucht wurden. Dazu Zwiebeln, Lauch und einige wenige Kräuter als Gewürzpflanzen, und dazwischen oder rundherum das flüchtige, bunte Sommergastspiel der Einjahrsblumen. Diese Gärten dienten ausschließlich der Ernährung. Dasselbe gilt natürlich für die Obsthöfe. Es gibt bis gegen Ende des 18. Jahrhunderts keinen Nachweis dafür, daß die Bäuerinnen an der Westküste „Prestigegärten" gepflegt hätten. Für diesen Luxus war das Leben noch zu hart.

Mit der Wende zum 19. Jahrhundert bahnten sich jedoch in Europa und Übersee grundlegende Veränderungen an. Die Vereinigten Staaten von Amerika waren entstanden und entwickelten sich zu einem wichtigen Handelspartner. Die ostindischen Handelskompagnien der europäischen Länder klopften immer nachdrücklicher an die noch verschlossenen Tore Chinas. In Frankreich brach die soziale, in England die industrielle Revolution aus. In Europa übernahm das zu Reichtum und Bildung aufgestiegene Bürgertum die Rolle des Kulturträgers. Industrie und Handel, Wissenschaft und Forschung gingen in die Startlöcher zu einem weltweiten Wettbewerb, dessen Folgen wir heute, 200 Jahre später, mit gemischten Gefühlen betrachten.

Man könnte denken, daß die stillen Bauerngärten noch lange im Windschatten dieser stürmischen Entwicklung gelegen hätten. Doch die neuen Werte und Ziele machten sich auch in so abgelegenen Regionen wie Dithmarschen schnell bemerkbar.

„Trendsetter" waren die wohlhabenden, kulturell interessierten Bürger, die ab 1800 ihre Villen vor die Tore der Städte bauten und die erstaunten Landleute mit völlig neuen, „unrentablen", nur dem romantischen Gefühl geweihten Gärten konfrontierten.

Mit der Einführung zahlreicher exotischer Gehölze und Zierpflanzen aus Amerika und Fernost kam das „Aus" für den mit Zirkel und Lineal gestalteten formalen Ziergarten der vornehmen Häuser. Die Idee des naturnahen Landschaftsgartens, die in England entstanden war, fand auf dem Kontinent schnell Nachahmer. Die Lust am Wald, am unbekannten blühenden Gesträuch griff um sich. Rasenflächen rahmten runde oder ovale Beete ein, auf denen neue, fremde Blumen wie Ausstellungsstücke prunkten. Es war ein Gartenstil für Leute mit Geld und solche, die „dazugehören" wollten.

Heinrich Christian Boie, der am 1. Mai 1781 sein Amt als Landvogt von Süderdithmarschen antrat, schilderte in vielen Briefen an seine in Hannover und Celle lebende Seelenfreundin und spätere Frau Luise Mejer solche Gärten, die er bei seinen adligen Freunden, den Stolbergs, Reventlows und Bernstorffs, in Tremsbüttel und auf Seeland in Dänemark gesehen hatte: „Hügel, ganz mit Reseda bepflanzt, und ganze Wäldchen von Rosen aller Art . . . eine Stelle, der weiße Saal genannt, enthält lauter weiße Blüten."

Luise revanchierte sich mit einem Bericht über die von einer reichen Freundin eingerichtete neue „Einsiedelei" bei Rehburg am Steinhuder Meer, „. . . die ganz allerliebst sein soll. Eine arme, alte Frau wohnt darin. Sie hat ein reinliches, hübsches Bett, Tisch, Stuhl, Spinnrocken und Bücher in ihrer Zelle. Eine kleine Küche und Garten. Hinter dem Garten einen Kirchhof. Die Frau ist in Grau gekleidet. Sie hat eine kurze Geschichte ihres Lebens auswendig gelernt, die sie erzählt, wenn sie gefragt wird. Auf dem Kirchhof liegen drei Steine, Grabmäler ihres Mannes und der Kinder . . ."

Es ist schon erstaunlich, welche Blüten die Sehnsucht der Übersättigten nach dem einfachen Leben treiben kann!

Dieser und ähnlicher Art waren jedenfalls die Gartenanregungen, die der Literat Heinrich Christian Boie, Mitglied des Hainbundes und Freund vieler zeitgenössischer Dichter wie Goethe, Klopstock und Voss, in sich aufgenommen hatte, bevor er als 37jähriger in seinen Geburtsort Meldorf zurückkam, um endlich ein Amt und ein festes Einkommen zu

Diese mächtige Säuleneibe in Buchholz ist etwa 200 Jahre alt, kann also zur Zeit des Landvogts Boie gepflanzt worden sein. Sie ist ein seltener Zeuge für die früheste Verwendung immergrüner Gehölze in Dithmarscher Bauerngärten. Wie mag der dazugehörige Garten ausgesehen haben?

haben. Das Geld reichte noch nicht, um die ebenfalls mittellose Luise zu heiraten, und so entspann sich zwischen 1781 und 1785 ein reger Briefwechsel, in dem der neue Garten, den Boie in Meldorf anlegte, eine große Rolle spielte.

Er kaufte zwei nebeneinanderliegende Häuser, eines als Wohnsitz, eines als Amtssitz, in dem er auch seinen Sekretär und den Gerichtsdiener unterbrachte. Das hinter den Häusern liegende Gartengrundstück, leicht nach Süden geneigt, ist heute überbaut, unter anderem mit dem Rathaus von 1892 und der Verbandssparkasse. Nach den Angaben von Boies Bruder Reinhold war es 105 Quadratruten groß, das sind 2352 Quadratmeter. Boies Garten war schon 1785 wegen seiner seltenen Gehölze und Pflanzen in den Kreisen gebildeter Gartenfreunde Norddeutschlands berühmt.

Boie selber ist das typische Beispiel eines Intellektuellen, der Ende des 18. Jahrhunderts die „Gartenkunst" aufs Land brachte. Er hätte als Sohn einer traditionsreichen Dithmarscher Predigerfamilie unter den Bürgern seiner Heimatstadt als einer der Ihrigen gelten können, aber er war es nicht. Ungeachtet seiner tüchtigen Verwaltungsarbeit und seines „diplomatischen" Umgangs mit den Meldorfern blieb er für sie und sich selber ein Außenseiter, der nicht dazugehörte. An Luise schrieb er: „. . . ich fühls, daß ich ewig den Dithmarsischen Geist mir nicht zu eigen machen werde und nur glücklich hier bin, weil ich mich dem guten Niebuhr mitteilen kann, der kein Dithmarscher ist."

Carsten Niebuhr aus Lüdingworth im Lande Hadeln, der von 1761 bis 1767 im Dienste des dänischen Königs als Landvermesser das unbekannte Arabien durchforscht und darüber Bücher geschrieben hatte, ließ sich drei Jahre vor Boie als Etatsrat und Landschreiber in Meldorf nieder. Er hatte vorher in Kopenhagen gelebt und war der einzige, der Boies Ansprüchen an einen Freund und Gesprächspartner genügen konnte. Er war es auch, dem Boie die erste selbstgezogene Portion Spargel brachte, die er in seinem neuen Garten geerntet hatte.

„Hier hält man wenig von Blumen und kennt sie nicht . . .", schrieb Heinrich Christian Boie 1784 über die Gärten in Meldorf. Da sollte er sich heute einmal in seiner Heimatstadt umsehen – zum Beispiel im Döseweg!

Und obwohl Boie seiner Luise getreulich berichtete, was alles an Nahrungsmitteln von Meldorfer Bürgersleuten ihm zum Geschenk ins Haus gebracht wurde, so liest man doch kein Wort darüber, ob – außer für Niebuhr – aus seinem reichbestellten Garten jemals vergleichbare Gegengaben kamen. Boies und auch Luises häufig ausgedrückter Wunsch, Distanz sogar zur oberen Klasse der Meldorfer zu wahren, macht mir die oft gelesene Behauptung, die ersten großangelegten Ziergärten prominenter Landbewohner hätten schnell Einfluß auf die einfachen Bauerngärten der Umgebung ausgeübt, etwas fragwürdig.

War Heinrich Christian Boie wirklich der Mann, den ein Meldorfer Bürger oder gar ein Bauer aus dem Nachbardorf unbefangen um ein paar Sämlinge seiner neuesten Prachtgewächse hätte bitten können? Hatte Boie ein Interesse daran, seine exklusiven Gartenideen beim kleinen Mann populär zu machen? Sah er sich als Vermittler einer neuen Gartenkultur? Nichts in seinen Briefen deutet darauf hin. Die Ende des 18. Jahrhunderts noch stark ausgeprägten „Berührungsängste" der verschiedenen Stände haben womöglich dafür gesorgt, daß „Gartenkunst" für längere Zeit noch etwas Elitäres blieb. Nicht umsonst benannten die Meldorfer ihre Gartenstraße nach Boies Grundstück – als wenn sie selber keine Gärten besessen hätten.

Der Landvogt begann im Frühjahr 1784, sein Gartenprojekt im großen Stil zu verwirklichen. Mit 115 Obststämmchen fing er an. Es waren aber noch nicht genug. Fast jeden Nachmittag verbrachte er draußen und fühlte, daß „dies selbstgepflegte Kind" ihn glücklicher machen werde als alles, was er bisher hatte:

„Nach meinem jetzigen Plan lege ich vor dem Saal, wo unsere Sommerwohnung sein wird, ein großes ovales Boulingrin (Rasenplatz) an, in dessen Mitte ich auf einem kleinen Hügel Rosen pflanzen will. Rund um dasselbe soll sich eine Blumenrabatte ziehen und hinten das Boskett, das ganz bis ans Ende des Gartens in gerader Linie gehen soll und dann mit zweien Armen den übrigen Teil des Gartens, wo Obstbäume und Küchengewächse gezogen werden, einschließen, so daß ich durch und um den Garten einen schattigen Gang bekomme. Ich projektiere auch eine Laube von lauter schlingenden Stauden und Gewächsen, die die schönsten aller Lauben geben."

Man muß sich Boie nicht mit dem Spaten in der Hand vorstellen. Durch die „ewigen Schmausereien" bei Einladungen hatte er in Meldorf 20 Pfund zugenommen, und sein Gichtfuß plagte ihn häufig, so daß er in seinem werdenden Garten oft mit dem Krückstock umherhumpelte, um die Aufsicht zu führen. Seine Hilfskräfte im Garten waren der Gerichtsdiener, sein neuer Diener, der erst angelernt werden sollte und sich im Garten besser benahm als beim Servieren, sowie zwei Mädchen für die grobe Hausarbeit, die auch beim Unkrautjäten helfen mußten. Für die Baumpflanzungen zog er einen Gärtner hinzu, der ihn auch bei Sturm- und Frostschäden an den Gehölzen beriet.

„Ich habe wieder den ganzen Tag pflanzen lassen und habe mich nie weit davon entfernen dürfen, weil es darauf ankam, ob das ganze Wirkung tun würde. Ich denk es so ziemlich getroffen zu haben", schrieb er an Luise. Diese Art von Gartengestaltung dürfte 1784/85 zum erstenmal in Dithmarschen praktiziert worden sein. Manch ein biederer Zaungast mag beim Zuschauen verwundert den Kopf geschüttelt haben.

Obstbäume, Parkbäume und Ziersträucher waren das Wichtigste. Boie ließ sie von Luise in Herrenhausen bei Hannover bestellen und über Hamburg schicken. Auch der Apotheker Andreae in Hannover lieferte ihm junge Stämmchen. Sein ins Nachbardorf Barlt verheirateter Bruder Reinhold besorgte ihm besonders gute Apfelsorten von der Insel Alsen. Alle alten Bäume mit Ausnahme einer großen Linde wurden entfernt, um Platz für die neuen zu schaffen.

Landvogt Boie war Ende des 18. Jahrhunderts wahrscheinlich der erste in Dithmarschen, der prächtig blühende Ziersträucher in seinen Garten pflanzte. 80 Jahre später hatten die Bauern „nachgezogen". Hier eine Rispenhortensie in Wolmersdorf.

Boie dachte sich einen selbst gepflanzten Platz, auf dem er später mit Luise im Schatten wandeln wollte. Über 200 verschiedene Bäume und Sträucher hatte der Landvogt im April 1785 pflanzen lassen, und im Mai kamen noch wieder „ganz unerwartete Packen" an. Sie enthielten unter anderem eine Blutbuche, eine rotblühende Kastanie und eine Karolinische (amerikanische) Linde, die zu damaliger Zeit ganz neue Raritäten waren. Ein Jahr vorher hatte schon der persische Mandelbaum geblüht. Ein Akazienbaum war glücklich verpflanzt, vier Platanen standen im Laub, und nur eine Libanon-Zeder sah so aus, als ob sie nicht gedeihen wollte.

Von Obstbäumen und Beerensträuchern wurde bald geerntet. Schon 1784 hatte die „große schwere Morelle" (Kirsche) fast so viele Früchte wie Blätter. Weitere Kirschen, dazu Quitten, Reineclaudenpflaumen und viele Himbeeren warteten darauf, von der Haushälterin in der Küche verarbeitet zu werden. An der südlichen Hauswand reifte Spalierobst.

Trotz des „Bosketts" war Raum genug für einen Grasplatz zum Bleichen und Gartenland zum Gemüseanbau. Zwölf Spargelbeete wurden beerntet. Große Mengen an Erbsen, Bohnen und Kohl (Sauerkraut) machte die Haushälterin ein. Boie aß schon 1784 im Juli jeden Abend Erdbeeren aus eigener Ernte.

Anfang Februar 1785 waren die Mistbeete in des Landvogts Garten fertig. Ein Geländer seitlich der Gartentür, bepflanzt mit hochrankenden Rebengewächsen, verdeckte sie. Hinter den Mistbeeten ließ Boie eine Kegelbahn anlegen – für „heilsame Bewegung ohne Umstände". In den Mistbeeten zog er Salat, Spinat, Radieschen und Melonenpflänzchen. Von den ersten drei wurde schon Ende April geerntet.

Vor einem herrlichen Levkojenstrauß sitzend schrieb Boie im Mai 1784 an Luise: „Hier hält man wenig von Blumen und kennt sie nicht . . . Suppenkraut und Gemüse im Garten sind auch gut und müssen darin nicht fehlen, aber die Freude geben doch Bäume und Blumen!"

Die den Blumen abgeneigten Meldorfer dürften nicht schlecht gestaunt haben über die Blütenpracht, die sich in kurzer Zeit in Boies Garten entfaltete. Über 30 Rosensorten, darunter eine damals noch seltene gelbe und die Moosrose, verströmten im Sommer ihren Duft. Mit dem Aktuar Krück und Carsten Niebuhr trank der Landvogt Tee im Garten, und nach einem erfrischenden Gewitterregen schwamm Boie in Wohlgerüchen von Jasmin, Geißblatt, Reseden, Levkojen, Nelken, Maltheserlilien (?) und vielen anderen Blumen und Sträuchern.

Für Luise, mit der er sich endlich zur Heirat entschlossen hatte, ließ er im April 1785 einen Hügel im Garten auffahren, den ein „kleines Blumenstück und ein Sitz dahinter" krönen sollten. Schließlich plante er sogar ein Gewächshaus.

„Lieber Boie, Du schaffst Dir ja ein kleines Elysium!" schrieb Luise begeistert aus Celle. Seine Freunde aus Adels- und Dichterkreisen feierten ihn als Gartenfachmann und verbreiteten den Ruhm des Meldorfer Gartens in alle Himmelsrichtungen.

Nach dem Besuch der kinderreichen Familie seines Schwagers Johann Heinrich Voss aus Eutin schrieb Boie an das Ehepaar Voss, wie leer ihm und seiner Frau Luise das Haus jetzt erscheine. Selbst sein Hund Alekto suche noch nach den Kindern, und „nur der Hügel freut sich, daß sie nicht mehr da sind". Er war von der Vossischen Kinderschar wohl arg ramponiert worden, denke ich mir.

Doch im Juli 1786 legte sich ein tiefer Schatten über Boies Paradies. Nach einjähriger Ehe starben seine Frau und ihr erstes Kind in den Geburtswehen. „Wäre ich . . . nur aus dem öden Haus, aus dem mir so lieben Garten heraus!" klagte er in einem Brief an Voss. „Alles war für Luisen gepflanzt und eingerichtet. Für wen ist's nun?"

Boie heiratete zwei Jahre später Luises Freundin Sarah v. Hugo, die ihm fünf Kinder gebar. Mit dem neuen Lebensmut kehrte ihm auch die Freude an seinem Garten zurück. Es wurden große Feste darin gefeiert, zu denen manchmal über 200 Gäste erschienen, darunter all die alten Freunde aus Adels- und Dichterkreisen. Im Garten ließ Boie seiner Luise einen kleinen Tempel errichten, der die Inschrift „Der Erinnerung" trug.

Das Schicksal dieses ersten Prachtgartens in Dithmarschen unterscheidet sich in nichts von dem der ältesten Gärten der Vor- und Frühgeschichte: Seine Spuren sind vollkommen ausgelöscht. Niemand scheint sich gefunden zu haben, der diese berühmte Gartenanlage mit Pinsel oder Zeichenstift der Nachwelt erhielt. Die Stätte des Erinnerungstempels für Luise wird heute wahrscheinlich von dem Betonsteinpflaster gedeckt, das hinter dem Meldorfer Rathaus liegt.

Über 30 Rosensorten blühten 1784 in Boies Prachtgarten. Der Landvogt schrieb seiner geliebten Luise, wie sehr er diesen Duft genoß. Die große Zentifolie wird sicher zu seinen schönsten Gartenschätzen gehört haben.

12
1800: Das Gärtnern wird zur Kunst

Mag also des Landvogts Boie Garten in Meldorf als erstes Beispiel eines „Prestigegartens" in Dithmarschen ohne sofortige Nachfolge geblieben sein, so bahnte sich doch in den mit größeren Städten versehenen Landesteilen Schleswig-Holsteins schon eine Entwicklung an, die auch die Bauerngärten an der Westküste erfassen sollte.

„Es wird unter sehr annehmlichen Bedingungen ein Gärtner gesucht, der nicht blos Küchen- und Baumgärten in Ordnung zu halten, sondern auch neue Küchen- und Baumgärten mit Geschmack und Vortheil anzulegen versteht . . . Nähere Nachricht hiervon ist bei M. Barbeck in Marne zu erhalten." So liest sich schon 1802 im „Dithmarscher und Eiderstedter Boten" das früheste bisher bekannte Inserat, das einen grundsätzlichen Wandel im bäuerlichen Gartenbau Dithmarschens ankündigt. Da ist plötzlich von „Geschmack" die Rede – ein Kriterium, das über den bisher ausschließlich geschätzten und berechneten Nutzwert hinausgeht.

Und daß dieser Gärtner mit Geschmack ausgerechnet in Marne gesucht wurde, ist kein Wunder, denn Marne war der Hauptort der Marschbauern im „tiefen Süden" Dithmarschens, wo der Kleiboden der Köge fett, die Höfe groß und die Bauern reich waren. „Sehr annehmliche Bedingungen . . .", das kann nur ein guter Lohn gewesen sein für mehr als Nutzen, nämlich Repräsentation, die man sich endlich auch im Garten leisten wollte.

Die „Kunstgärtner" der größeren Städte, die anfangs vorwiegend die wohlhabenden Stadtbürger mit den neuen Ziergärten ausstatteten, witterten bald eine Marktlücke auf dem Lande. Wo gute Ernten gutes Geld abwarfen und die Gärten am Hofgebäude noch immer nicht viel mehr als Kohl und Erbsen enthielten, da mußte ein Geschäft zu machen sein. So boten sie denn ihre Samen und Pflanzen, ganz besonders die neuesten und ausländischen, und ihre Dienste als Gartengestalter in den überregionalen, aber auch in den kleinen lokalen Zeitungen an. Manche ließen sich sogar in kleinen Mittelpunktsorten mit ländlicher Umgebung nieder oder suchten sich dort einen Vertrauensmann (zum Beispiel einen Buchhändler), der ihre Samenlisten führte und auch Bestellungen annahm und weiterleitete.

Schon 1805 bietet im „Dithmarscher und Eiderstedter Boten" der Gärtner Johann Christoph Büttner in der Meldorfer Klosterstraße in- und ausländische Samen „von der besten Güte" an. Er nimmt Bestellungen schriftlich oder persönlich entgegen und verspricht „in jedem Fall gegen baare Bezahlung . . . die billigsten Preise und die reellste Bedienung".

Überhaupt scheint Meldorf zu Beginn des 19. Jahrhunderts eine Gärtnerstadt gewesen zu sein, denn 1821 berichtete das „Staatsbürgerliche Magazin" in „Reisebemerkungen aus Holstein", daß der Gartenbau in Dithmarschen fleißig betrieben werde. Besonders in der Gegend um Meldorf würden weite Felder mit Gartengewächsen besät und bepflanzt, welche in den benachbarten Dörfern, besonders aber am Sonnabend auf dem Wochenmarkt in Heide verkauft würden.

1843 ist in der „Dithmarscher Zeitung" zum erstenmal von „Georginen" die Rede, die wir heute Dahlien nennen und deren Pracht aus den Bauerngärten der Gegenwart einfach nicht mehr wegzudenken ist. Anbieter war übrigens die Samenhandlung Ziemann in Quedlinburg, deren Preisverzeichnis von der Dithmarscher Buchhandlung gratis verabreicht wurde. Sie nahm auch Bestellungen an und lieferte die Quedlinburger Ware aus. Dazu gehörten „frische, echte, in- und ausländische Garten-, Feld-, Holz- und Gras-Samen", die neuesten Blumensämereien und besagtes Sortiment der „prächtigsten und neuesten Georginen".

Die Kapuzinerkresse, eine der beliebtesten Einjahrsblumen in Bauerngärten, wurde bis ins 19. Jahrhundert nicht als Zierpflanze, sondern als „indianische Kresse" unter den Küchengartengewächsen gehandelt. Sie kam 1648 aus Peru nach Europa.

Es hat sich offensichtlich zwischen 1800 und 1850 in den Dithmarscher Bauerngärten viel getan. Des seligen Landvogts Boie Sonderstatus in Gartenfragen war dahin – selbst die Dorfbewohner versorgten sich nun mit der neuesten Gartenzier in der für die Anzucht von Blumensamen weltbekannten Stadt Quedlinburg.

Aber auch die heimischen Kunstgärtner hatten Teil am Geschäft. Im „Wochenblatt" von 1856 empfahl sich F. Nietz aus Meldorf „zur Anlage von Gartenanlagen, Blumengärten (!),

Beschneiden von Obstbäumen, Weinstöcken etc.", und zehn Jahre später pries in derselben Zeitung Gartenmeister A. Kark seine veredelten Rosen an, die „gegenwärtig in schönster Blüthe stehen und daher nach Belieben gewählt werden können".

1871 sind im „Dithmarscher Boten" bei H. Groth in Wesselburen die Georginen immer noch im Rennen (wie sollten sie auch nicht!), doch sind Gladiolen, Anemonen und Ranunkeln dazugekommen. Und im selben Jahr taucht das Schreckgespenst moderner Wohnkultur unseres Jahrhunderts auf: der Gummibaum. Handelsgärtner F. L. Kruse in Heide hat ihn wieder vorrätig in hübschen Exemplaren.

Es ist nicht so, daß diese besonderen Gewächse und viele andere mehr zu Beginn des 19. Jahrhunderts noch unbekannt gewesen wären. In Johann Kaspar Bechstedts Garten- und Ackerbaubüchern, die zwischen 1772 und 1802 in Flensburg, Schleswig, Altona und Leipzig erschienen, war bereits eine Vielfalt auserwählter ausländischer Blumen, Gewürze und Gemüsearten zur Gartenverwendung empfohlen. Doch war es damals nur ein ebenso auserwählter Kreis von gebildeten Gartenliebhabern wie Heinrich Christian Boie und seine Freunde, dem diese Information zugänglich war und der sie praktisch nutzen konnte. Es hat 50 bis 100 Jahre gedauert, bevor viele von Bechstedts Blumen in den Gärten der Westküste auftauchten. (Bei Bechstedt bin ich übrigens endlich auf die in so manchen frühen Blumenlisten vermißte Kapuzinerkresse gestoßen, die sich dort allerdings im Jahre 1795 als „indianische Kresse" unter den Küchengartengewächsen versteckt. Vielleicht habe ich sie vorher nur an der falschen Stelle gesucht?)

Die ersten Angebote einer anspruchsvollen Blumenauswahl für Schleswig-Holstein erschienen natürlich in den Zeitungen der größeren Städte. Im „Königlich-privilegierten Intelligenzblatt" von Schleswig inserierte in den Jahren 1815 bis 1818 regelmäßig im Frühjahr und Herbst der Gärtner Georg Winter, Am Stadtweg. Er begann im März 1815 mit 100 Sorten Blumensamen, besonders zwölf verschiedenen Farben in Sommer- und Winterlevkojen, und holländischen Saatkartoffeln. Im Oktober folgten Harlemer Blumenzwiebeln: doppelte und einfache Hyazinthen, Tazetten, Tulpen, Ranunkeln, Anemonen, Krokus und Iris Hispanica.

Ein Jahr später hatte er bereits 130 Sorten Blumensamen, zwei weitere Jahre später 200 Sorten Blumensamen, dazu Tuberosen-Zwiebeln, Georginen-Wurzeln, gefüllte Land- und Gartennelkenpflanzen.

1823 konnte man bei Winter unter 400 Sorten Blumensamen wählen „mit dem Bemerken, daß nichts als geprüfter Samen abgegeben wird". Dazu kamen 53 Sorten Sommer- und Herbstlevkojen, 24 Sorten Winterlevkojen sowie „überhaupt viele perennierende Blumengewächse".

Es zeichnet sich deutlich ab, welch einen enormen Aufschwung Anfang des 19. Jahrhunderts innerhalb weniger Jahre die Blumenliebhaberei im Garten genommen hat. Außerdem begannen damals die ausdauernden Stauden, den Einjahrsblühern Konkurrenz zu machen. Das uns heute so vertraute Bild der hohen Prachtstauden, das wir als typisch für einen Bauerngarten ansehen, wurde im 19. Jahrhundert so ganz allmählich zusammengepuzzelt.

Im „Flensburger Wochenblatt" vom März 1843 bot der Handelsgärtner Adolph Meyer auf dem Fischerhof insgesamt 72 Sorten Levkojen an, außerdem 40 Sorten „Kelch- oder Röhrastern" (neu!) für zwei Schilling pro 100 Samenkörner. Wer mag die wohl ausgezählt haben? Ansonsten ging der Preis für ausgesuchte Sommerblumen „à Prise". Auch eine Georginen-Sammlung hatte Meyer natürlich.

Sommerastern haben als Schnittblumen für Sträuße ihren traditionellen Platz im Gemüsegarten. 1843 wurden für 100 Samenkörner zwei Schilling verlangt, weil „Chinenser-Astern" damals noch etwas Besonderes waren.

Ob die Gärtner aus Schleswig und Flensburg ihre Ware auch in Dithmarschen abgesetzt haben, läßt sich nicht feststellen. Anders verhält es sich mit dem Kunst- und Handelsgärtner W. F. H. Runtzler, der im „Schleswiger Intelligenzblatt" von 1855 ein großes, über vier Seiten laufendes Preisverzeichnis für Sämereien, Georginenknollen, Topfpflanzen, Bäume und anderes mehr abdrucken ließ. Er hatte schon 1851 im „Meldorfer Wochenblatt" bekanntgegeben, daß er sich in der Stadt als Handelsgärtner etabliert habe und sich allen Freunden der Gärtnerei empfehle. Er dürfte in den Jahren vor 1855 Preisverzeichnisse zum

Abholen bereitgehalten haben, wie es allgemein üblich war. Davon ist heute nichts mehr erhalten.

Runtzler kam mit einem Großstadtangebot nach Meldorf, und es fragt sich, ob er hier auf die Dauer Erfolg hatte. In den Akten über die Einwohner der Stadt ist er nicht mehr aufzuspüren. Doch hat er sich ja mindestens vier Jahre in Meldorf aufgehalten, und noch 1855 weist er darauf hin, daß er für den Nachbarort Heide und Umgebung jeden Sonnabend bei Herrn P. Schulz persönlich anwesend sei (wahrscheinlich auf dem Wochenmarkt). Schulz nehme auch an ihn gerichtete Aufträge entgegen. Für die Anlegung von Gärten bittet Runtzler um rechtzeitige Aufträge, da – wie Erfahrung ihn lehrte – er sonst „wenn auch nicht ganz daran verhindert, doch die Einrichtung des Gartens nicht mehr so beschaffen konnte, wie es am passendsten wäre“.

Runtzler unterteilt sein Verzeichnis in sieben Gruppen: Gemüse- und Feldsamen, Blumensamen, Obstbäume und Sträucher, Muster- und Prachtgeorginen, Rosen, Prachtstiefmütterchen und Topfpflanzen. Mit den Sommerblumensamen hat er sich angesichts der unübersehbar werdenden Vielfalt in weiser Beschränkung auf „etliche hundert Sorten reducirt“, weil ihm weniger an einer großen als an einer guten Auswahl gelegen war. Wenn man in der Anzeige nachzählt, sind es genau 118 Arten in oft vielen Sorten.

Levkojen stehen immer noch an der Spitze der Beliebtheitsskala. Dann folgen Nelken, gefüllte Astern (Aster chinensis), Stockrosen oder Malven, Pracht-Calceolarien (Pantoffelblumen), „größtblühende“ Stiefmütterchen und schließlich ein etwa 80 Nummern umfassendes, alphabetisch geordnetes Kunterbunt von hoch- bis ganz niedrigwachsend, wie Balsamine und Schleifenblume.

Diese letzte Gruppe ist besonders interessant, denn sie enthält – durch verschiedene Symbole kenntlich gemacht – sowohl einjährige Sommerblumen als auch ausdauernde Stauden, Topfblumen, Schlingpflanzen und Einfassungsblumen und läßt Rückschlüsse auf

Über den Einzug der Dahlien, früher Georginen genannt, in die Dithmarscher Bauerngärten geben uns ab 1823 Zeitungsinserate erste Kunde. Etwas so Prachtvolles hatte es bisher in Dorfgärten nicht gegeben. Noch heute leuchtet dieser Farbenrausch alljährlich selbst in den kleinsten Gärten – hier in Odderade.

die Art der Bepflanzung im Ziergarten zu. Noch dominieren mit 38 Arten die Einjahrsblüher. Ihnen stehen nur zwölf ausdauernde Stauden gegenüber, obwohl Runtzler ein Samensortiment von 25 Stauden mit Namen anbietet, wobei die Namen leider ungenannt bleiben.

Doch unter den genannten Stauden finden wir alles, wonach wir bisher in den regionalen Quellen vergeblich Ausschau hielten: Löwenmaul, Akelei, Glockenblume, Coreopsis, einfache und Prachtnelke, Fingerhut, Nachtviole und Judassilberling, Alpenvergißmeinnicht, viele Sorten der Primel und Aurikel.

Unter den einjährigen Sommerblumen von 1855 feiern wir unter anderem Wiedersehen mit dem großen Zittergras (als Einfassungspflanze), mit Kornblumen in vielen Farben, Kreuzkraut, Clarkie, Rittersporn (ajacis), Strohblume, Prachtwinde, wohlriechender Wicke, gefülltem Mohn, Reseda, rosafarbener Immortelle, Tagetes, Zinnie und der „indianischen Kresse“ (Kapuzinerkresse, jetzt vom Würzkraut zur Zierpflanze aufgestiegen).

Unter den „Blumenzwiebeln, die im Frühjahr gelegt werden“, finden sich schon sechs Gladiolen mit fürstlichen Namen und hohen Preisen. Die Tigerlilie ist auch dabei.

Hundert verschiedene Georginen hat Runtzler aus über 600 Varietäten ausgewählt. Weniger die neuesten Sorten, sondern mehr die nach Bau und Stellung der Blüte und ihrer Farbe am prächtigsten. Wenn man heute den Dahlienrausch in Bauerngärten sieht, kann man sich vorstellen, welch ein Verkaufserfolg sie schon bald nach ihrer Einführung und züchterischen Vervollkommnung gewesen sein müssen. Die einzelne Knolle war bei Runtzler teurer als die meisten seiner Rosensträucher, die er in 176 Sorten anbot.

Georginen-Spitzenreiter mit 77 Schilling das Stück waren „Deutsche Goldrose“ (transparentorange, Metallglanz, prachtvolle Musterblume), „Deutsche Incarnatrose“ (köstlich, hochrosa auf weißer Grundfarbe, großblumig) und „Deutsche Perle“ (zartlila mit silberweißer Einfassung, extra prachtvoller Bau). Welch eine Leistung allein, hundert Dahliensorten so genau zu beschreiben!

Richtig bunt wurde es in den Bauerngärten der Westküste erst im 19. Jahrhundert. Daß die Landfrauen heute den vor 150 Jahren eingeführten Blumen immer noch die Treue halten, zeigt dieser Maschendrahtzaun mit Marienglokkenblumen in Kronprinzenkoog Nord.

Pracht-Stiefmütterchen haben auch eine eigene Rubrik mit 100 Sorten. Das Stück (!) immerhin zu 13 Schilling, wofür man bei Runtzler schon eine billige Gallica-Rose kaufen konnte.

Es läßt sich nicht leugnen: Um 1850 ist die „Pracht"-Entfaltung im Bauerngarten an der Westküste in vollem Gange. Und die Preise zeigen an, daß auch Geld für diesen Luxus dagewesen sein muß.

Blicken wir zurück auf das, was Gärtner Mayern 100 Jahre früher anzubieten hatte, dann sehen wir, welch ein Reichtum an Schönheit den Gärten in der ersten Hälfte des 19. Jahrhunderts aus aller Welt zugewandert ist. Und doch sind all die leuchtenden Herbstblüher wie Staudenastern, Staudenphlox, Sonnenblumen und Rudbeckien aus Amerika noch nicht auf den Plan getreten. Runtzlers Liste von 1855 führt diese Gartenschätze, die noch erst aus dem Wilden Westen zu uns kommen sollten, noch nicht auf.

Im Küchengarten geht die Entwicklung zwischen 1750 und 1850 nicht ganz so stürmisch voran, obwohl sich beim Gemüse aus der Sortenvielfalt intensive züchterische Bemühungen ablesen lassen. Vergleicht man Gärtner Mayern von 1742 mit Handelsgärtner Runtzler von 1855 (in Klammern), dann ergeben sich folgende Sortenzahlen: Erbsen 6 (13, davon eine Sorte, die ohne Sträucher wächst, was bei dem Holzmangel in der Marsch wichtig ist), Bohnen 3 (11), Wurzeln 1 (4 und neu dazu Schwarzwurzeln), Kohl 4 (17, davon neu Rosenkohl), Rüben 3 (6, davon drei Sorten „Kohlrabi in der Erde", was Steck- oder Speiserüben bedeutet), Salat und Lattich 3 (6), Würzkräuter 12 (16).

Bechstedts hochspezialisierte Liste von 1772 in diesen Vergleich einzubeziehen, dürfte an den realen Verhältnissen in den Bauerngärten der Westküste weit vorbeiführen. Trotzdem gibt sie über interessante Einzelheiten zusätzliche Auskunft. So findet sich als neu „Kohlrabi über der Erde" in drei Sorten darin. Virginische Erdbeeren zeigen die Ankunft erster amerikanischer Nutzgewächse, und der Färberwaid ist ein Relikt aus uralten Gartenzeiten, das Mayern und Runtzler schon nicht mehr anbieten.

Ansonsten macht es auch einfach Spaß, die Liste von Bechstedt zu lesen – ganz besonders wegen der Sortennamen. Was hat man sich zum Beispiel unter einer „weißen Schlagschwertzwergbohne" vorzustellen? Oder unter seinen drei Blumenkohlsorten: „extra allerbester", „etwas schlechterer" und „noch etwas schlechterer"?

13
Lehrer Thomsen: Gartenpionier im Dorf

Trotz der Kenntnisse, die wir aus dem Anfang des 19. Jahrhunderts über die Werbung für die „Kunstgärtnerei“ auf dem Lande haben, wissen wir nicht genau, wie lange es dauerte, bis die prunkenden Dahlien und anspruchsvollen Blumenstauden schließlich auch den letzten Bauerngarten im abgelegenen Dorf erreichten. So schnell, wie sich die Preisverzeichnisse mit all der neuen Gartenzier und dem Angebot an feinerem Gemüse lesen lassen, wird es nicht gegangen sein.

Zielgruppe der Handelsgärtner, die sich ihren „Kunstverstand“ in Sachen Garten gut bezahlen ließen, konnten nicht die kleinen Höfe sein, die ihren Mann nur recht und schlecht ernährten. Die Lust am Repräsentieren ist von jeher dort am größten gewesen, wo Überfluß vorhanden und etwas vorzuzeigen war. Die reichen Höfe in der Marsch werden die erste bäuerliche Kundschaft gewesen sein, die von dem anspruchsvollen Angebot der großen Händler Gebrauch machen konnte.

Und doch hat es schon immer Leute gegeben (es gibt sie noch heute), die sich mit Bäumen, Blumen und besonderen Pflanzen auch deshalb beschäftigen, weil es für sie ein geistiges und ästhetisches Vergnügen ist. Denen Namen wie „Tropaeolum“ oder „Helichrysum“ leicht über die Zunge gehen und Samenlisten mehr vermitteln als nur das Bild eines bunten Blumenbeetes. Auf dem Lande waren das in vergangenen Zeiten die Pastoren und Lehrer.

Anders als dem Bauern war ihnen der Griff zum Buch eine gewohnte Geste. Und da auch sie sich weitestgehend aus ihren Gärten ernährten, ergab sich hier von selbst die schönste Kombination von Theorie und Praxis. Ihnen dürften die Kataloge der Handelsgärtner nicht nur eine Preisübersicht, sondern genußvolle Lektüre gewesen sein.

Pastor und Lehrer, aber ganz besonders der Lehrer, verstanden sich außerdem von alters her als eine Art von „Entwicklungshelfer“ im Dorf. Sie waren die ersten, die neue Strömungen des Zeitgeschehens wahrnahmen, Kenntnisse sammelten, komplizierte Zusammenhänge in einfache plattdeutsche Sätze zu fassen und ihren Schäfchen und Schülern nahezubringen versuchten. Und da sie in der Regel auch gute Praktiker waren, ist anzunehmen, daß sie keine langen Reden über die besseren Gemüsesorten und die schöneren Blumen hielten, sondern sie in ihren Gärten anbauten und mit dem „extra allerbesten“ Blumenkohl dem Fortschritt eine Bresche schlugen.

Anders als vermutlich Heinrich Christian Boie, der so gut wie möglich zu den Mitbürgern Abstand hielt, drängte es die Lehrer, ihre Erfahrungen weiterzugeben, fördernd wirksam zu werden in einer kleinen Lebensgemeinschaft, in der so vieles hätte besser sein können, als es war. So wurden sie das vermittelnde Bindeglied zwischen Vorreitern und Nachzüglern, zwischen oben und unten, reich und arm. Dabei waren sie selber weiß Gott nicht mit Reichtum gesegnet. Ihr Lebensstandard hing unmittelbar von dem der Dorfbewohner ab – ganz sicher ein weiteres Motiv, dem Gemeinwesen Auftrieb zu geben.

Die Möglichkeit, den Landleuten eine bessere Gartennutzung beizubringen, verband sich glücklicherweise mit der einer kleinen zusätzlichen Aufbesserung des kargen Lehrergehalts. Was lag näher für den bäuerlichen Nachbarn, als sich zum Gartenrat des Lehrers auch gleich ein paar Samen oder Pflänzchen mitgeben zu lassen? Sicher manches Mal umsonst. Aber wenn das Schule machte, mußte sich der Garten des Lehrers bald zwangsläufig in einen Anzuchtbetrieb verwandeln, was auch oft geschehen sein wird. Kommerzielle Gesichtspunkte konnten dann nicht mehr außer acht gelassen werden.

Schon im März 1823 bot der Schullehrer Sachau aus dem Eiderstedter Kirchspiel Oldenswort im „Dithmarscher und Eiderstedter Boten“ gut konservierte Georginenknollen an. Noch ohne Preis und Werbung für andere Erzeugnisse. Doch sein Dithmarscher Kollege, H. Thomsen aus Wesseln, packte den gärtnerischen Nebenerwerb 17 Jahre später mit fast professioneller Verve an. Aus einer Serie von Anzeigen, die vom Frühjahr 1840 bis zum Herbst 1844 in der „Dithmarscher Zeitung“ erschien, läßt sich heute ablesen, welche

Die Sonnenblume – strahlendes Wahrzeichen der Bauerngärten seit mindestens 200 Jahren. Lehrer Thomsen in Wesseln bot 1843 schon 40 bis 50 Sorten davon an.

Petunien in allen Farben sind Lieblingsblumen der Westküstenbäuerinnen – nachweislich schon seit 1840. Hier ein Beispiel stilvoller Verwendung an einem Eisentor in Busenwurth.

Rolle sein Garten für die Bauerngärten Norderdithmarschens in der Mitte des 19. Jahrhunderts gespielt haben muß.

Schullehrer Thomsen war, was die Gartenkultur betraf, auf der Höhe seiner Zeit. Er hatte wohl auch einen guten Geschäftssinn, denn er richtete seine „Filiale" nicht etwa im nahegelegenen, aber gut versorgten Heide ein, sondern beauftragte den Kaufmann Ploehn in Wesselburen, das als zentraler Ort in der reichen Nordermarsch lag, mit dem Weitervertrieb seiner Samen und der Annahme von Bestellungen. Das muß schon mehrere Jahre vor 1840 so gelaufen sein, wie aus einer seiner Anzeigen zu entnehmen ist.

Thomsens Inserate sind keine reinen Preisverzeichnisse, obwohl er wie ein gewiefter Händler auch Sonderangebote für ein Dutzend, ein Dutzend „im Rommel", 6 Stück oder 25 Stück anpreist. Vielmehr appelliert er in flüssigem Text an die „Freunde neuer Versuche" mit mehreren „weniger gangbaren Artikeln", gibt Qualitätsvergleiche, Kulturhinweise und ausdrückliche Empfehlungen aus Erfahrung durch eigenen Anbau. Außerdem handelt er noch mit preiswürdigen gebrannten Schreibfedern und Hygrometern oder Wetteranzeigern („ein Product aus der Pflanzenwelt, welches die Wechsel des Wetters untrüglich vorher verkündigt"). Ein rühriges Kleinunternehmen also, das in Wesseln von einem Lehrergarten aus betrieben wurde.

Erstaunlich ist die Vielfalt der Gewächse, die Thomsen anbot. Und noch erstaunlicher ist, daß er früher als der Handelsgärtner Runtzler ausgesprochene Raritäten vorrätig hielt: im März 1840 Topfblumen von über 50 Arten und mindestens 25 Sorten Pracht-Georginen. Außerdem frische Sämereien von allen gangbaren Gemüsearten und 70 (!) Sorten Gartenblumen, darunter „mehrere seltenere und neuere". Für experimentierfreudige Kunden hatte er „eine Probe von der gerühmten Oelpflanze Madia sativa, von Tobacksamen, von dem neuen Kuh- oder Riesen-Kohl, der neuen großen grauhäutigen Riesen-Steckrübe, nonplus-ultra Gurken, Königin der Gurken etc." Nach selbst betriebenem Anbau konnte er besonders empfehlen: den Rosenkohl, die kleinen weißen feinen Wurzeln und die „große rothe Altringham-Wurzel, welche ebenso süß und schmackhaft ist, als sie sich, bei früher Aussaat, durch ihre Größe auszeichnet". Alle diese Gemüsesorten waren laut Thomsen „hier noch wenig bekannt".

Sein Angebot an Gartenblumensamen bestand aus „vorzüglich ins gefülltschlagenden" Sommerlevkojen, stark gefüllten Röhrastern, Petunia hybrida („blüht bis in den späten Herbst ununterbrochen und ziert auch sehr in Töpfen") und Aurikeln, von denen er „aus Versehen" englische Prachtsorten anstatt gewöhnlicher Gartenaurikeln erhalten hatte. Oxalis esculenta, ein „Zwiebelgewächs, das den Sommer ununterbrochen mit hübschen rothen Blumenbüscheln bedeckt ist", schloß Thomsens März-Angebot. Es war vielleicht der uns heute als Glücksklee bekannte, in Töpfen gezogene vierblättrige Sauerklee.

Im Mai 1840, zwei Monate später, warb der Lehrer aus Wesseln für Samenpflanzen von Levkojen, Petunien, Clarkien und Nemophilen (Hainblume, Heimat Nordamerika) und im August desselben Jahres für Erdbeerpflanzen („in lauter schönen Samenpflanzen . . . wegen Aufnahme alter Beete") in vier Sorten, darunter eine frühe rote virginische (aus Amerika), die große Vierländer und die große späte Ananas. Konnte es bei den Dörflern Zweifel an der Qualität geben, wenn der Schullehrer selber diese Sorten bevorzugte?

Englische Grasnelken, rote gefüllte Märlblumen (Bellis perennis) zur Einfassung von Blumenbeeten und Hyazinthen, Tulpen, Krokusse und Narzissen zur Herbstpflanzung rundeten das Angebot ab.

Zum erstenmal tauchten bei Thomsen auch Gartenrosen auf. 24 Sorten, darunter die erst 1826 eingeführte, rosafarbene „Königin von Dänemarck" und die tiefrote, dauerblühende Portlandrose „Rose du Roi" (1815 eingeführt), waren bei ihm für zehn Mark als Sortiment im Herbst 1840 zu kaufen.

Außerdem bot er zu dieser Zeit die ersten Pflanzen von Blumenstauden an: gefüllte mittelhohe Stockrosen in 20 (!) verschiedenen Farben, Akelei in zehn der schönsten Sorten, ausdauernde Lupinen in zehn Sorten und – endlich sind sie da! – 40 bis 50 Sorten der Viola tricolor maxima, des „größtblühenden" Stiefmütterchens.

Sogar einstämmig gezogene Stachelbeeren in mehreren Sorten und Himbeerbüsche waren in Wesseln zu haben.

Im Februar 1841 war Thomsens Angebot so groß geworden, daß er sich in seiner Zeitungsanzeige auf den Hinweis beschränken mußte, daß „ein geschriebenes Verzeichniß zur beliebigen Ansicht" bei ihm zu bekommen sei. Es enthalte viele neue und seltene Gemüse- und Blumensamen (von letzteren 150!), zehn Sorten Erbsen, fünf Sorten Garten- und zehn Sorten türkische Bohnen, was mehr war, als Handelsgärtner Runtzler 14 Jahre später anbieten sollte.

Der Mai desselben Jahres brachte Samenpflanzen von 30 bis 40 „hübschen, größtentheils selteneren und neuen Blumen-Arten" und die größtblühenden Stiefmütterchen „in allen Farben meliert, hübsch zu Einfassungen".

Für den Gemüsegarten wurden Pflanzen von krausem Grünkohl, Weißkopfkohl, Rosenkohl, Savoyerkohl, buntem und grünem moskowitischen Fechtkohl (?) sowie Kohlrabi, Porree und Steckrüben annonciert.

Im August 1841 bot Thomsen außer den bereits genannten Blumenzwiebeln 24 Sorten gefüllte Stockrosen an, mehrere Sorten ausdauernde Lupinen, chalcedonische Lychnis (Brennende Liebe), Campanula cervicarioides (Borstige Glockenblume, eine hellblaue Wildform), Chinesernelken in allen Farben, Karthäusernelken, Silene alpina (Alpenleimkraut), Statice latifolia, weiße Steinnelke, Königskerze und andere mehr.

Thomsens Inserate sind die ersten authentischen Quellen für ausdauernde Blumenstauden in Dithmarscher Bauerngärten! Wer Lust hätte, sich einen „historischen" Bauerngarten mit Pflanzen und Blumen der Jahre 1840/41 anzulegen, der könnte hier zugreifen, ohne Angst vor Fehlern haben zu müssen. Alle diese Stauden sind heute noch in Gärten anzutreffen und geben zusammen mit den Blumenzwiebeln und der großen Auswahl an

Tulpen sind seit langer Zeit eine immer wiederkehrende Frühjahrsfreude im Bauerngarten. Im August 1840 bot Lehrer Thomsen in Wesseln sie neben anderen Zwiebelgewächsen zur Herbstpflanzung an.

einjährigen Sommerblumen, die Thomsen nannte, einen prächtigen, von März bis Anfang September anhaltenden Blütenflor.

Von den fehlenden Herbstblühern, die erst aus Amerika einwandern sollten, war schon die Rede. Doch daß unter den Frühlingsblumenzwiebeln die Schneeglöckchen und Märzbecher fehlen, ist mir rätselhaft. Vielleicht aber waren sie ähnlich selbstverständlich und zahlreich vertreten wie der Holunder, so daß sie nicht gehandelt wurden? Auch die Schwertlilie (Iris germanica) und die Bauernrose (Päonie) werden nicht genannt, obwohl sie doch schon seit Jahrhunderten Gartenblumen waren. Dasselbe gilt für die weiße Madonnenlilie. Hier mag die praktische Gartenerfahrung an der Westküste eine Rolle gespielt haben. Sie liebt das Nordseeklima nicht, hält nur wenige Jahre aus und ist wohl deshalb auch heute in Dithmarscher Gärten so gut wie gar nicht anzutreffen. In der Feuer- und der Tigerlilie hat sie außerdem eine viel lebenskräftigere Konkurrenz. Für Staudenphlox, Goldrute und ausdauernden Rittersporn war es zu Lehrer Thomsens Zeiten noch zu früh.

1843 erschienen nur zwei kleine Anzeigen aus Wesseln, in denen Thomsen frische Sämereien von Gartengemüse und Blumen anbot. Erstmalig genannt unter den Samenpflanzen: die Sonnenblume in 40 bis 50 sehr hübschen, zum Teil neuen Sorten, die wie früher in Wesseln zu kaufen waren. Dies ist ein Hinweis darauf, daß wohl noch manche andere Gartenblumen bei Thomsen zu haben waren, die nicht in seinen Annoncen erschienen.

Stockrosen, in 24 Sorten schon 1841 für Dithmarschen belegt, sind bei den Landfrauen wieder sehr beliebt. Heute werden ungefüllte Sorten bevorzugt wie hier vor einem modernen Bauernhaus in Odderade.

Thomsens beste Zeit muß 1843 vorüber gewesen sein. Ihm war sein Hauswirt gestorben, der ihm beim Gartenhandel geholfen haben dürfte, und er mußte seine Abnehmer bitten, schriftliche Bestellungen an ihn selber oder den Kaufmann Nordmann in Heide zu richten.

Im August 1844 erschien sein letztes Inserat mit recht betrüblichen Nachrichten. „Wegen fortwährender und stets zunehmender Schwachheit" war Thomsen gewilligt, seine Sammlung von etwa 250 Topfgewächsen öffentlich verauktionieren zu lassen.

14
Gartenreise durch Schleswig-Holstein

Daß in der Gartenkultur der Dörfer Schleswig-Holsteins noch fast alles im argen lag, beschrieb der Gutsaufseher Kiesewetter im Jahre 1807. Heute wird, wie hier in Braaken, jeder Zaun auf dem Lande in Blumen gefaßt.

An einem heiteren Sommermorgen kurz nach 1800 setzte sich in Klein-Flotbek (damals noch mit nur einem t geschrieben), zwischen Hamburg und Altona gelegen, eine Reisekutsche in Bewegung. Darin hatte es sich Heinrich Christian Philipp Kiesewetter bequem gemacht, seines Zeichens Aufseher auf dem Gut Flotbek, das dem Königlich-dänischen Etatsrat Reichsfreiherrn von Voght gehörte. Im Gepäck führte Kiesewetter viele Bogen Papier und Schreibfedern mit sich, denn er wollte auf einer Reise durch Schleswig-Holstein, Dithmarschen und die Elbmarschen den Land-, Wasser- und Gartenbau studieren und darüber berichten.

Die Fahrt ging bis Sonderburg und auf die Insel Alsen. Sie dauerte fünfeinhalb Wochen, in denen Kiesewetter alles zu genießen und erdulden hatte, was Reisenden zu seiner Zeit widerfahren konnte: sengende Sonne und kühlenden Alleeschatten, Staubwolken und Platzregen, stundenlanges Warten auf neue Pferde und beinahe sogar einen Schiffsuntergang auf dem Kieler Kanal, wo an der Einmündung der Eider ein heftiges Unwetter das Boot gefährdete und die Reisenden zwang, bei strömendem Regen von Bord und zu Fuß nach Rendsburg zu gehen.

Kiesewetters Reisebericht, der 1807 erschien, wurde ein höchst interessantes Buch über den Stand der Ökonomie um 1800 in Schleswig-Holstein. Nicht nur, daß der Autor ein guter Stilist war, er brachte auch umfangreiches Wissen in seine Beobachtungen, Vergleiche und Verbesserungsvorschläge ein. Außerdem war er ein Idealist, ein Aufklärer reinsten Wassers. Die Aufhebung der Leibeigenschaft der Bauern (im Jahre 1805), die Förderung der Landwirtschaft durch neue Geräte und Methoden, die Einführung und Hebung der Gartenkultur auf dem Lande, kurzum: das Glück des Menschen durch Fortschritt und Bemühung um Besseres lag ihm am Herzen.

Gelernt hatte er diese zeitgemäße Philosophie auf dem Gut des Barons von Voght, das Ende des 18. Jahrhunderts aus sechs Bauernhöfen zwischen Hamburg und Altona zusammengekauft und dann innerhalb von zehn Jahren unter großem Aufwand zu einem außerordentlich schönen und rentablen Musterbetrieb umgemodelt worden war. Kiesewetter schrieb darüber: „Jeder, der Flotbek vor wenig Jahren sah und nun wieder sieht, wird außer dem Eichenholz nichts daran wieder kennen. Wenn alle reiche Güterbesitzer Hollsteins von gleicher Liebe zur Glückseligkeit des Menschen beseelt wären, so könnte dieß Land eines der glücklichsten werden."

Daraus, daß zur Zeit seiner Reise besonders in der Gartenkultur der schleswig-holsteinischen Güter und Dörfer noch einiges im argen lag, machte Kiesewetter dann auch keinen Hehl. Es ist aufschlußreich zu lesen, welche Maßstäbe ein fortschrittsgläubiger Mann seiner Bildung und Ausbildung kurz nach 1800 an die Bauern- und Herrschaftsgärten anlegte.

Vom Kammerherrn v. Buchwald auf Gut Frosenburg bei Oldesloe, einem der „berühmthesten und täthigsten Landwirthe Hollsteins", berichtet er, daß er die Leibeigenschaft noch nicht aufgehoben habe, da der Herr sich mit den Bauern nicht einig werden könne. Er wolle ihnen entweder die Tonne Land zu vier Thaler oder Haus, Garten und Deputatkorn geben.

Über des Grafen v. Rantzau Besitz in Aschberg (Ascheberg) heißt es, daß er weitestgehend aufgesiedelt und den Bauern zu Erbpacht übergeben sei. Bei aller Ausführlichkeit über die Bedingungen für die Bauern fehlt jeder Hinweis auf Gärten. Doch der Graf selber schien sich so etwas anlegen zu wollen, denn Kiesewetter lakonisch: „Das Schloß ist alt, der Garten noch in seiner Entstehung."

In Eutin endlich ein Superlativ. Auch dort ist das Schloß alt, doch der Garten der geschmackvollste in den Herzogtümern. Kiesewetter lobt die gutgewählte Anlage und sorgfältige Unterhaltung. Man versuche, nur der Natur zur Hilfe zu kommen (!), und wolle nichts erzwingen. Das Wasser sei gut genutzt, die Baumgruppen gut gepflanzt. Anmutige Stauden und ein lieblicher Rasen mit Blumenschmuck schienen „zur Zufriedenheit und Freude einzuladen".

Eine angenehme Überraschung gab es für den reisenden Ökonomen auch beim Grafen v. Baudissin in Knoop bei Kiel. Nicht nur das neue Wohnhaus, die Baumgruppen und Bosquetten erregten seine Aufmerksamkeit, sondern vor allem die Tatsache, daß der Graf so viel für die Schule getan hatte. 80 Kinder erhielten hier täglich sieben Stunden Unterricht und wurden „dabey im Selbstdenken geübt".

Der Lehrer Rixen vom Kieler Seminar unterwies die Kinder auch in landwirtschaftlichen Gegenständen, schärfte ihre Beobachtungsgabe, machte sie auf Ursachen und Wirkungen aufmerksam, wobei ihm ein beträchtlicher Garten und eine Baumschule nützlich waren.

„Unter der Leitung eines solchen Mannes muß denn der Landmann an Kultur gewinnen . . . Es wäre zu wünschen, daß alle Schullehrer dem Beyspiele des Herrn Rixen folgen möchten, dadurch könnte unendlich viel Gutes gestiftet werden. Aber, wie weit sind wir hierinnen noch zurück!" klagte Kiesewetter. Jedoch: „Es wird . . . eine Zeit kommen, wo auch wir einsehen werden, daß der allgemeinste Grundsatz zu einer verbesserten Kultur nur in der Schule gelegt werden kann, daher wäre es wohl gut, wenn jeder Schullehrer wenigstens ein Gärtner wäre."

Kiesewetter war ein kluger Mann. Seine Vorhersage ist eingetroffen – man denke beispielsweise an den Lehrer Thomsen in Wesseln und all die Schulgärten, die seit Ende des 19. Jahrhunderts eingerichtet wurden.

Auf dem Gut Dänisch Neuhof des Grafen v. Rebenfeld nagte laut Reisebericht der Zahn der Zeit am Schloß. Und frisch von der Leber weg kritisierte der Autor auch den Garten – einen Garten übrigens, der heute wahrscheinlich unser Entzücken hervorrufen würde, denn er war noch barock, für Kiesewetter also altmodisch, wenn nicht sogar rückständig. Hier sein Verdikt: „. . . der Garten, der eine vortreffliche Lage hat, die eine der schönsten Aussichten auf die Ostsee gewährt, wird schlecht unterhalten. Er wurde . . . zu einer Zeit angelegt, wo Architektur und Gartenkunst in zu freundschaftlichem Einvernehmen stan-

Noch ganz in der Tradition des Barocks stand die erste Gartenanlage des Eiderstedter Haubargs Hochdorf in Tating, der 1764 gebaut wurde. Ein Jahrhundert später wurde sie um einen damals modernen Landschaftsgarten englischen Stils erweitert.

den. Man findet noch geschnittene Hecken und Bäume in verschiedenen Gestalten, zwischen welchen Grotten, Bassins und Vorstellungen aus der Mythologie nicht fehlen."

Ist es ein Zufall, daß alle Bauern dieses konservativen Gutes noch leibeigen waren? Kiesewetter hat einen von ihnen befragt, ob er lieber frei oder dienstbar sein wolle, und erhielt die Antwort: „Solange wir leben, kriegen wir genug, wenn wir todt sind, haben wir genug, für unsere Kinder wird gesorgt – was wollen wir mehr?"

Doch die Tatsache, daß alle Leibeigenen wohlgenährt, gut gekleidet, sehr gesund und „wider Erwarten ausnehmend ruhig" aussahen, machte Kiesewetter nicht irre. Auf einer ganzen Druckseite wetterte er mit handfesten Argumenten gegen „Knechtschaft und Frohndienst als die schmählichen Ursachen des Stumpfsinns und der Trägheit".

Vom Gut Noers des Grafen von Moltke, das direkt an der Ostsee liegt, kommt 1807 die erste Kunde vom Eichensterben zu uns. Das Gehölz dicht beim Gut sei sehr schön und ähnele einem englischen Park, doch seien besonders die Eichen an der Nord- und Nordostseite, wahrscheinlich des salzhaltigen Seewindes wegen, sehr kahl.

Einen sehr gut unterhaltenen Küchengarten und eine ansehnliche Pflanzschule von Obstbäumen fand der kritische Beobachter aus Flotbek bei dem Gutspächter Reiche in Rundhof/Angeln vor. Doch bemängelte er, daß der Gutsherr, Landrat von Rumohr, jährlich für 10 000 Thaler Holz fällen lasse, so daß er mit dem auf 100 000 Thaler geschätzten Bestand bald fertig sein werde, wenn er so fortfahre.

Diplomatischer ging Kiesewetter mit dem Garten des Herzogs v. Augustenburg auf Schloß Gravenstein um. Morastige Wege, hölzerne Figuren und chinesische Vogelhäuser als Zierde wurden kommentarlos aufgeführt. Seinen Geschmack kann das eigentlich nicht getroffen haben.

Auf der Insel Alsen beeindruckte es ihn, daß alle Bauern lesen, schreiben und sogar schriftliche Berichte machen konnten. Sie seien gute Gärtner und zögen alle ihre Obstbäume selbst. Gelernt hätten sie das vom verstorbenen Propst Lüder in Glücksburg, der „zuerst den kleinen Kalender für sie lehrreich machte und viele nützliche Wahrheiten verbreitete".

Das Herzogsschloß Augustenburg bei Sonderburg beeindruckte Kiesewetter negativ: eine „große weiße Masse mit vielen kleinen Fenstern", die einem Manufakturgebäude ähnlich sehe. Der Garten am Meer sei nicht sonderlich, das Gehölz dagegen sehr schön.

Auf dem hohen Mittelrücken zwischen Flensburg und Schleswig traf Kiesewetter auf Hufner, die das arme Land „billig hatten". Einen fand er unter ihnen, der Klee säte, den Kartoffelanbau anfing und demnächst Kühe im Stall haben würde. „Dieß wird sehr bald ein wohlhabender Mann werden, aber er war auch, was alle Landleute mehr oder minder seyn sollten, Gärtner gewesen."

Nach 20 Meilen durch Heide, Sand und Moor kam Kiesewetter dann in die Eiderstedter Marsch. „Welch ein Anblick!" schrieb er begeistert. Seine Schilderung der üppigen, flach hingestreckten Schläge mit Weizen, Bohnen, Rapssaat, Hafer und Gerste, ihrer ineinanderfließenden Farbschattierungen, die durch keine Hecken, sondern nur durch Gräben und Wände von dunklem Schilfrohr eingefaßt waren, klingt geradezu poetisch.

Doch ist er zu nüchtern, um nicht auch Haare in der Suppe zu finden: „Der Anblick ist reizend, doch Fülle ohne Abwechslung ermüdet auf schattenlosen Wegen, die im Winter unpraktikabel sind." Traurige, vereinzelte Bäume, vom Nordwestwind verdorrt, schlechte Diät, ungesunde Luft, schlechtes Wasser, fast alljährlich wiederkehrendes Fieber als Grundlage zu „faulenden Krankheiten" sind für ihn die Kehrseite des Marschenparadieses.

Er reist an der Küste entlang und befaßt sich intensiv mit der Praxis der Landwirtschaft und des Deichbaues in den Marschen – ohne indes einen einzigen Garten zu erwähnen, bevor er in Meldorf eintrifft, „einem an sich unbedeutenden und schmutzigen, aber mit guten Gemüse- und Obstgärten versehenen Orte". Das war zu einer Zeit, als Landvogt Boie dort noch lebte. Kiesewetter muß seinen prächtigen Garten übersehen haben!

Statt dessen zog es ihn in den Kronprinzenkoog, der damals erst vor etwa 15 Jahren

eingedeicht worden war. Kiesewetter berichtete, wie Hans Hansen, Hinrich Piel und zwei Ostfriesen dort in wenigen Jahren reich geworden waren, nachdem sonst niemand das Land hatte kaufen wollen – aus Angst, daß der neugewonnene Boden noch zu salzhaltig sein könne.

Hansens Wohnung mit ihrer üppigen Ausstattung – seidene Stuhlkissen, silbernes Geschirr, Schränke voll schönsten Porzellans, vollgestopfte Betten mit feinsten Bezügen – wird von Kiesewetter genau beschrieben. Doch auch hier keine Zeile über einen Garten. Ich glaube, daß das kein Zufall ist. Wäre ein nennenswerter dagewesen, Kiesewetter hätte ihn nicht vergessen. Statt dessen erwähnt er das starke Unkrautwachstum in Süderdithmarschen. Trotz der Fruchtbarkeit des Landes müsse der Bauer deswegen in manchen Jahren bei der Ernte mit der Hälfte zufrieden sein.

In der Wilstermarsch muß es anders ausgesehen haben. Mehrere alte Quellen bescheinigen ihr schon früh einen hohen Stand der Kultur, und auch Kiesewetter schrieb, daß hier jeder Bauer sein gut unterhaltenes und sorgfältig angemaltes Haus habe, vor dem ein zierlicher Garten liege. Leider erfahren wir nicht von ihm, wie diese Gärten ausgestattet waren.

Aus der Kehdinger Marsch überlieferte er uns keine Gartennachrichten, aus dem Land Hadeln nur den Hinweis auf schön gebaute Häuser mit grünen Rasenplätzen und hohen Bäumen, und im Alten Land interessierte ihn offenbar neben der sorgfältigen Feldbearbeitung nur die – allerdings beträchtliche – Obstbaumzucht. Vor allem die große Herzkirsche wurde damals dort angebaut.

Von Kranz aus überquerte der Flotbeker Reisende bei heftigem Nordwestwind die schäumende Elbe und kehrte wohlbehalten zu seinem Arbeitgeber zurück. Im Gepäck einen dicken Stapel ökonomischer Berichte, die der Baron v. Voght aufmerksam gelesen haben muß, denn er ließ sich von Bauer Hansen aus dem Kronprinzenkoog zwei Ackerge-

Die „Nahtstelle“ zwischen Barock und 19. Jahrhundert: Hier verbinden sich im Hochdorfer Park zwei gegensätzliche Gartenmoden der Vergangenheit. Aus dem Bereich der formal geschnittenen Bäume und Sträucher vor der Eingangsfront des Hauses führt ein sanft geschwungener Weg in den Landschaftsgarten mit Wald, Lichtung, Hügel und romantischer Burgruine.

räte zur Erprobung kommen, wohingegen Hansen sich auf seine Anregung einen schottischen Pflug zulegte, mit dem er sehr zufrieden war.

Aus Kiesewetters Gartennotizen geht hervor, daß um 1800 die ländliche Gartenkultur in Schleswig-Holstein fast ausschließlich Sache des Adels gewesen sein muß. In Dänemark versuchten schon vor der Landreform die Regierung oder Gutsherren, bei den Zinsbauern den Anbau von Obst durchzusetzen. So überließ um 1750 der Kammerherr Niels Juel auf Taasinge seinen Bauern kostenlos Bäume. Die jedoch wagten nicht, sie zu pflanzen – aus Angst, dann mehr Steuern zahlen zu müssen. Einige hackten den Bäumen die Wurzeln ab und setzten sie in die Erde, um zu beweisen, daß Obst bei ihnen nicht gedeihen würde. Doch Juel kam dahinter, prügelte sie durch und ließ neue Bäume liefern. Nach der Landreform in Dänemark um 1788 wurden die nunmehr freien dänischen Bauern auf sanftere Weise, nämlich durch Aufklärung und Unterstützung, dahingebracht, sich Gärten anzulegen.

Für seit Generationen unfreie Bauern mag auch in Schleswig-Holstein der Prozeß des Umlernens auf Eigeninitiative schwierig gewesen sein. Doch Kiesewetters Reisebericht weist schon auf erste schüchterne Ansätze zu einer besseren Entwicklung hin. Andererseits scheint die bäuerliche Gartenkultur an der Westküste kaum einen Vorsprung vor anderen Landesteilen gehabt zu haben, obwohl die Bauern dort seit Jahrhunderten frei waren und nicht erst zur Eigeninitiative erzogen werden mußten. Sie waren im ganzen erheblich wohlhabender, doch lebten sie weiter entfernt vom Einfluß der Städte, was sich ausgeglichen haben mag.

Im übrigen war Kiesewetter wohl der für uns einschlägigste, nicht aber der einzige Reiseberichterstatter, der in der ersten Hälfte des 19. Jahrhunderts die Landstriche zwischen Nord- und Ostsee erkundete. Auch andere haben aus dieser Zeit kleine Hinweise auf ländliche Gartenkultur gegeben.

Auch das war einmal Gartenkunst: Die Mini-Ruine im Landschaftsgarten des Haubargs Hochdorf aus dem 19. Jahrhundert. „Großartige Scenen" sollten „die Phantasie recht beschäftigen" – so Theodor Theuß in seinem Gartenhandbuch von 1850.

So schrieb F. J. L. Meyer 1816 in seinen „Darstellungen aus Nord-Deutschland" sehr gefühlvoll über Eutin, wo die Blumenliebhaberei „zur Vollendung des Idealistischen und Romantischen" zu Hause sei. Selbst vor den kleinen „Bauerhütten" unbedeutender Dörfer in der Umgebung prange die königliche Hortensie neben Heliotrop und Reseda. Allerdings wurden diese Blumen offenbar in Töpfen gezogen und auf „zierlichen Börtern" vor und hinter den Fenstern aufgestellt.

In den „Reisebemerkungen aus Holstein" des „Staatsbürgerlichen Magazins" von 1821 wird wieder einmal die Wilstermarsch gerühmt. Doch liest es sich so, als habe der Autor eine Anleihe beim Reisebericht von Kiesewetter gemacht und zu den zierlichen Gärten nur noch die Hausfrau erfunden, die darauf Sorgfalt und Pflege verwende.

Von der Ostseeinsel Fehmarn kam 1832 ebenfalls gute Nachricht. Dr. Georg Hanßen berichtete in seiner „Historisch-statistischen Darstellung der Insel Fehmarn", daß die Einfuhr von Obst und Gemüse vom Festland fast ganz aufgehört habe und der Obst- und Gemüsebau zunehme.

Johannes Schröder jedoch sah sich für seine Topographie von 1841 in den Gärten der ostholsteinischen Bauern und sogenannten kleinen Leute um und fand darin noch nicht viel: die Kartoffel und den grünen Kohl. Hin und wieder jedoch auch anderes Gemüse und manchmal sogar Blumen. Dem rückständigen Obstbau in Ostholstein hielt er die Kremper und Wilstermarsch als Vorbild entgegen. Diese Notiz rückt uns in die zeitliche Nähe zu Lehrer Thomsen in Wesseln, der damals mit viel Engagement den bäuerlichen Gartenbau an der Dithmarscher Westküste anzukurbeln begann.

1846 fand Theodor Mügge auf seinen „Streifzügen in Schleswig-Holstein" auf den Wurten der Marsch rund um die Bauernhöfe Gärten, in denen „Beete von dunkelroten Marschlevkojen und farbige Nelken von besonderer Schönheit und herrlichem Wohlgeruch blühen, aber auch alle Gemüsesorten trefflich wachsen".

Es zeichnet sich in diesen wenigen, regional sehr verstreuten Nachrichten immerhin ab, wie in der bäuerlichen Gartenkultur des frühen 19. Jahrhunderts die ersten Fortschritte aussahen. Kiesewetters Prophezeiungen waren schon im Begriff, sich zu erfüllen.

15
1900: Die erste Nostalgie

In den Jahren zwischen 1850 und 1900 legte der Fortschritt ein Tempo vor, das jeden gewissenhaften Chronisten außer Atem bringen mußte. Technisierung und wirtschaftlicher Aufschwung veränderten die Dörfer und mit ihnen die Bauerngärten so radikal, wie es dann erst wieder nach dem Zweiten Weltkrieg geschehen sollte. Justus von Liebig fand heraus, daß Pflanzen sich von Mineralstoffen ernähren. Seine Forschungsergebnisse legten den Grundstein für die Düngemittelindustrie. Anbau und Ernte konnten jetzt chemisch gesteuert und damit gesichert werden. Neue Maschinen erleichterten die Arbeit des Bauern, ermöglichten größere Anbauflächen und Spezialisierung. So entwickelte sich Dithmarschen ab 1889 zur „Kohlkammer Deutschlands".

Parallel zu dieser Entwicklung verlief die Technisierung des Güter- und Personenverkehrs. 1877 wurde die Eisenbahnlinie Heide–Neumünster eröffnet, ein Jahr später die Anschlußstrecke nach Süden bis Itzehoe. Noch im 19. Jahrhundert erhielten Wesselburen, Büsum, St. Michaelisdonn, Marne, Friedrichskoog, St. Margarethen und Brunsbüttel Anschluß an die Eisenbahn – alles Orte mit fruchtbarem Umland und rasch steigender landwirtschaftlicher Produktion.

Die Dithmarscher Bauern wurden wohlhabend, wenn nicht sogar reich. Ihre Höfe platzten buchstäblich aus den Nähten. Neue Scheunen für die Ernte und die landwirtschaftlichen Maschinen, größere Ställe für das Vieh und geräumige Hofplätze waren nötig. Ab 1860 setzte ein Bauboom auf dem Lande ein. Viele Bauern, die es sich leisten konnten, rissen ihre alten Häuser ab und bauten neue, paßten den Grundriß der Hofanlage den gestiegenen Bedürfnissen und technischen Möglichkeiten an. Neues Baumaterial kam mit der Eisenbahn ins Land: Teerpappe für Dächer, Gußeisen für Stallfenster, Blech für Scheunen, Draht für Zäune, Portlandzement für Mauern und Betonteile. Welch einen Wandel im Dorfbild allein die Einführung von Stachel- und Maschendraht verursachte, läßt sich kaum vorstellen. Draht blies ungezählten Hecken und Holzzäunen das Lebenslicht aus und ermöglichte endlich eine Gartenkultur ohne die oft fatale Mitwirkung des Federviehs.

Dort, wo Raum und großer Reichtum war, wurde bei der Umgestaltung des bäuerlichen Anwesens großzügig verfahren. Das trifft vor allem auf die Marsch zu. Doch auch auf der Geest, wo der Boden ärmer war und die Bebauung sich dem bewegteren Gelände anzupassen hatte, wurde manch ein großer Wurf gewagt. Aus der zweiten Hälfte des 19. Jahrhunderts stammen die herrschaftlich anmutenden Alleen und mächtigen Baumkronen, die bis heute die Höfe umgeben – im Sommer wie ein grüner Baldachin über den Dächern, im Winter als markantes Filigran vor den roten Ziegelwänden. Seit der Gründerzeit markieren Bäume und Großsträucher die Einfahrten, repräsentativen Hausfronten, Grundstücksgrenzen und -unterteilungen der Höfe.

Die Vorboten dieser Baumpflanzungsepoche fanden sich schon 1792 im Katalog der Tönninger Baumschule Peters. Als Alleebäume wurden Linde, Walnuß und Ulme (die Linde sogar pro 100 Stück) angeboten. Roßkastanie, Robinie, Ahorn, vier Pappelsorten und die Weymouthskiefer waren per Stück zu kaufen.

Handelsgärtner Runtzler aus Meldorf lag 1855 mit seinem Angebot voll im Trend. Auch seine Alleebäume waren vor allem Linden, aber auch schon Ahorn, Roßkastanien und Walnußhochstämme (seltsamerweise keine Ulmen, die doch gegen Ende des 19. Jahrhunderts in Dithmarschen so überwiegend gepflanzt wurden). Aber Runtzler hatte noch viel mehr zu bieten: Trauereschen (als alter Hausbaum heute noch manchmal zu sehen), Lebensbäume, Eiben, Wacholder, Zypressen, Rotdorn, gefüllten Weißdorn, rotblühende Akazie und Magnolia purpurea. Lebensbäume wurden als Hecken propagiert, besonders zur Einfassung von Grabstätten. Die hochgepriesenen immergrünen Sträucher gab es als Sortimente zu 25, 50 und 100 Stück, darunter besonders hervorgehoben die schönsten und neuesten niedrigbleibenden Sorten. Schon Mitte des 19. Jahrhunderts muß also eine große Nachfrage nach diesen heute als untypisch verschrienen Gehölzen bestanden haben.

Sogar Samen von Bäumen und Sträuchern gab Runtzler ab: Feldahorn, Birke, Weißbu-

Um die Jahrhundertwende werden Nutz- und Ziergärten zunehmend voneinander getrennt. Dieser alte Apfelbaum, zum Leben zu krank, zum Sterben zu stark, gehört noch in einen aufgegebenen Nutzgarten mit Obsthof, wie er mit der ersten Nostalgiewelle außer Mode kam.

In einem Dickicht von Dahlien und Goldruten versteckt sich hier ein Zaun aus Maschendraht und Betonpfosten. Die Industrialisierung brachte „praktische" Zäune, die so dauerhaft waren, daß sie hier und da noch existieren.

che, Weißdorn, europäische Linde, aber auch Fichte, Schwarzföhre und Lerche. Ein Indiz für die unglückselige Einführung der Fichtenmonokulturen fand sich bei ihm mit dem Hinweis, daß die Anweisungen zur Anlage von Tannenwaldungen den Samen beigefügt würden.

Daß die Kunstgärtner und Baumschuler im 19. Jahrhundert mit ihrem Angebot an Großbäumen und Ziersträuchern bei den Hofbesitzern der Westküste offene Türen einrannten, hatte sicher nicht nur mit dem praktischen Nutzen als Windschutz oder „Reservoir" für hölzerne Geräteteile zu tun (letzteres kann eigentlich nur in der Zeit vor der Industrialisierung eine große Rolle gespielt haben), sondern dürfte ein Ausdruck des neuen bäuerlichen Selbstbewußtseins gewesen sein. Endlich konnte sich der wohlhabende Bauer die Annehmlichkeiten leisten, die dem städtischen Villenbesitzer schon lange selbstverständlich waren: eine große, saubere Küche mit eisernem Herd, Schlafzimmer für Eltern und Kinder, Wohnräume mit Kachelöfen und am Haus einen Garten, der Gästen und Nachbarn ein bewunderndes „Ah!" entlockte.

Die Zeit zwischen 1850 und 1900 brachte eine grundsätzliche Änderung im Konzept des Bauerngartens, die Einrichtung reiner Ziergärten, was in der Regel deren Trennung vom Nutzgarten bedeutete. Wurde ein Hof ganz neu angelegt, war es sogar möglich, daß die beiden Gartenteile streng voneinander geschieden wurden, zum Beispiel an entgegengesetzten Seiten des Gebäudes. Wo mit dem Grundriß weniger flexibel umgegangen werden konnte, war es üblich, den Ziergarten nahe ans Haus zu holen und den Küchengarten weiter entfernt anzuschließen, oft durch eine Hecke aus Zier- oder Beerensträuchern getrennt.

Die Gestaltung der neuen bäuerlichen Ziergärten in der zweiten Hälfte des 19. Jahrhunderts war so vielfältig wie das Angebot des Handels. Da nicht mehr der Nutzen, sondern der Geschmack des einzelnen den Gartenstil bestimmte, lockerte sich das Bild zu mancherlei Varianten der vorherrschenden Moden.

Kiesewetters Träume von 1807, die von englischen Landschaftsgärten inspiriert waren, feierten fröhliche Urständ auf großen Höfen mit genügend Raum für Baumgruppen, Sträucher und manchmal sogar einen Zierteich. Selbst die Besitzer kleinerer Anlagen wollten oft nicht auf die Blutbuche vor dem Haus verzichten, die 80 Jahre später wie ein Domgewölbe den ganzen ehemaligen Ziergarten überschatten sollte.

Auch von aufgehügelten Rundbeeten in Rasenflächen, die mit einer Decke aus niedrigen Einjahrsblumen bepflanzt waren, gibt es noch heute Reste. Paul Knuth, der 1891 in Tondern nach „alten" Bauerngartenblumen Ausschau hielt, vermerkte in einem wohlgepflegten Garten als „ganz modern ein Teppichbeet mit Mais, Taback und Hanf in der Mitte und mit Lobelien und Coleus Verschaffeltei im Umkreise".

Doch um 1880 begann auch der Einzug der Prachtstauden in die Gärten, die noch heute zur Sommerzeit das Bild vieler Westküstendörfer prägen. Innerhalb der folgenden 30 Jahre entwickelte sich die Staudenzüchtung in Deutschland mit Riesenschritten. Prächtige Sorten von Primeln, Iris, Päonien, Trollblumen, Astilben, Phlox, Glockenblumen, Lupinen, Rittersporn, Chrysanthemen, Herbstastern und vielen anderen uns heute wohlvertrauten Gartenschätzen kamen auf den Markt und wurden, wie die Bauerngärten noch heute zeigen, mit offenen Armen empfangen.

Leider gibt es keine Bilder davon, wie all diese verschiedenen „Stile" und Möglichkeiten während der letzten Jahrzehnte des 19. Jahrhunderts in den Bauerngärten der Westküste einander abgelöst oder durchdrungen haben. Der einzige Fotograf, der noch um die Jahrhundertwende (etwa ab 1890 bis 1910) planmäßig in Süderdithmarscher Dörfern das Landleben ablichtete, war Thomas Backens aus Marne. Seine Fotos zeigen viele Bauernhäuser und Katen, jedoch nur sehr wenige Gärten.

Und da er mit dem Hochrad unterwegs war – den hölzernen Fotoapparat vermutlich auf den Rücken geschnallt! –, fuhr er zumeist im März aufs Land, wenn die Wege abgetrocknet, also befahrbar, und die Bäume noch kahl waren. Man konnte dann mehr von den Häusern sehen. Doch sah man leider nicht, was hinter den Hecken und Maschendrahtzäunen wachsen und blühen würde, denn die Gärten waren zu dieser Jahreszeit natürlich noch nicht bestellt.

Ich will nicht verhehlen, daß Backens' Fotografien einen Eindruck vom ländlichen Garten hinterlassen, der sich von dem in diesem Kapitel entworfenen Bild auf enttäuschende Weise unterscheidet. Backens war nicht ausgezogen, um Gärten zu fotografieren. Er suchte den Alltag der „kleinen Leute", die in den Katen wohnten. Und in diesem Alltag rund um die Katen, von denen in diesem Buch bisher noch nicht die Rede war, gab es offensichtlich keinen Platz für Gärten.

In heute unvorstellbarer Armut und Bescheidenheit lebten die Kätner, an denen der wirtschaftliche Aufschwung des Bauernlandes vorbeigegangen war. Sie wuschen ihre Wäsche, sägten das Brennholz und schälten die Kartoffeln draußen vor der Tür, und rund um ihr winziges Häuschen war nichts als Sand und Gras. Nur einmal entdeckte ich auf den Fotos neben einer hölzernen Brunneneinfassung das schüttere Laub einer alten Rose und am Fuß der bröckeligen Hauswand im struppigen Gras ein blühendes Kraut, das wie eine kleine Malve aussieht. Irgendein Eckchen mit Kartoffeln, Kohl oder Rüben wird es auch für den Kätner gegeben haben, doch über die Katengartenromantik unserer Tage hätte er wohl nur sehr müde lächeln können.

Neben seinem ärmlichen Wohnsitz nahmen sich die neuen Bauernhäuser, die zwischen 1900 und dem Ersten Weltkrieg in Dithmarschen errichtet wurden, wie Herrenhäuser aus. Hier trieb der Historismus eine späte, ganz besondere Blüte: In der Backsteinfassade wurden große, reich gegliederte Eingangstüren von glatten Säulen flankiert, die geschickte Maurermeister aus Zement gossen. Die einfachen Kapitelle – je nach Wunsch rund oder eckig – wurden mit der Kelle „beigeputzt". Zu diesen Portalen, die heute noch in vielen Dörfern zu finden sind, gehörte in der Regel eine „stilechte" Gartenanlage: eine breite Auffahrt rund um ein Rondell, auf dem der Hausbaum stand oder Rosen und Blumenteppi-

che leuchteten. Die meisten dieser Anlagen sind heute eingeebnet und mit gepflegtem Rasen besät. Doch manchmal kündet noch eine mit Feldsteinen eingefaßte Erhebung vom Glanz der alten, guten Tage.

Handliche, einigermaßen gleichmäßig geformte Feldsteine dienten vor allem auf der Geest, wo sie häufig vorkommen, als Weg- und Beeteinfassungen. Mit den historisierenden Bauformen kam auch wieder ein Rückgriff auf formale Ziergartengestaltung. In den 70er Jahren dieses Jahrhunderts fanden sich noch an vielen Bauernhöfen Reste davon, die allerdings jetzt sehr selten geworden sind. Angelegt wurden diese neobarocken Gärten zusammen mit Hausneubauten kurz nach 1900. Das dürfte auch die große Zeit der geschorenen Buchsbaumeinfassungen gewesen sein.

Obwohl in der Bauerngarten-Literatur immer wieder die Verwendung von Buchsbaum als „uraltes" Gestaltungsmittel angeführt wird, läßt sich das für Dithmarschen frühestens im 19. Jahrhundert belegen.

Es fällt auf, daß weder der Baumschuler Peters in Tönning 1792 noch der Kunstgärtner Runtzler in Meldorf 1855 Buchsbaum führten. Sicher ist er schon in den barocken Herrschaftsgärten Schleswig-Holsteins verwendet worden, doch in die Gärten der entlegenen bäuerlichen Westküste wohl erst zur Zeit des Historismus eingezogen. Daß er noch bis zum Zweiten Weltkrieg eine gewisse Rolle gespielt hat, habe ich selbst gesehen. Da die Pflege von Buchsbaum jedoch mühselig ist, erklärt sich sein auf dem Lande allgemein verbreiteter Ersatz durch Feldsteine leicht. Heute hat sich das Blatt gewendet. Ich weiß, daß Gärtner schnell dabei sind, wenn bei der Modernisierung alter Friedhofsteile überständiger Buchsbaum ausgerodet wird. Es gibt genügend Kundschaft, die „Bauerngärten" anlegen will, und Buchs ist plötzlich wieder gefragt.

Diese neue Nostalgie ist jedoch schon die zweite. Der erste Schrei nach dem „alten Bauerngarten" erhob sich bereits gegen Ende des 19. Jahrhunderts, als in den bäuerlichen

Historismus auch im Bauerngarten: Formal gestaltete Ziergärten mit Feldsteinen als Einfassung entstanden in Dithmarschen um die Jahrhundertwende. Dieses Foto wurde 1976 in Schelrade gemacht. Inzwischen sind dort wie überall die Reste dieser Gartenmode verschwunden.

Gärten alle Formen in Bewegung geraten waren, als mit der Neugier auf Besseres und Modernes Ziergärten entstanden, die sich von den städtischen kaum oder gar nicht mehr unterschieden. Hatte Kiesewetter 1807 noch für den Fortschritt im Bauerngarten plädiert, so wurden jetzt Stimmen laut, die dem „Rückständigen" nachtrauerten.

Woher dieses Gefühl des Verlustes kommt, wenn eine Sache, derer man eigentlich schon überdrüssig war, nun endlich ganz abgetan ist, läßt sich schwer erklären. Doch das Phänomen ist da und bewegt Ausgräber, Geschichtenschreiber, Antiquitätenliebhaber und Sammler aussterbender Pflanzen gleichermaßen. Der grundlegende Wandel in den Gärten der Dörfer rief ab etwa 1890 die Geister der Vergangenheit auf den Plan.

„Ich verzichte heute darauf, die allmähliche Umwandlung mancher Gärten auf dem Lande zu verfolgen, welche durch den Einfluß neuerer Handelsgärten der Städte erfolgt ist", schrieb der Oberlehrer H. Steinvorth aus Hannover 1890 in den „Jahresheften des naturwissenschaftlichen Vereins für das Fürstentum Lüneburg". Statt dessen wandte er den Blick liebevoll zurück auf die Gewächse der niedersächsischen Landgärten um 1830 bis 1840, sammelte ihre Volksnamen und versuchte, ihre Anordnung im Garten, Verwendung im Haushalt und in der Krankenpflege zu dokumentieren. Hin und wieder zitierte er A. Kerner, der schon 1855 mit der „Flora der Bauerngärten in Deutschland" beschäftigt gewesen war und bei kühnem Rückgriff auf das karolingische „Capitulare de villis" Zusammenhänge vermutet hatte, die seither aller kritischen Hinterfragung getrotzt haben und noch heute in moderner Gartenliteratur herumspuken.

In Schleswig-Holstein waren es der Lehrer H. Eschenburg aus Holm und Professor R. v. Fischer-Benzon aus Kiel, die 1891 das Thema „Bauerngärten" aufgriffen und sich bemühten, die Pflanzen der Gärten von vor 50 Jahren aufzulisten, ihren Nutzen und ihre plattdeutschen Namen festzuschreiben.

Ein Jahr später prüfte Dr. Paul Knuth in Tondern nach, was von der Flora des Kieler

Säulenportale in der Backsteinfassade wurden Mode, als die Dithmarscher Bauern vor dem Ersten Weltkrieg zu Wohlstand kamen. Teppichbeete mit Einjahrsblühern gehören dazu. Ein Beispiel aus Tensbüttel.

Ein schöner Zaun der zwanziger Jahre in Bargenstedt. Die einst weitverbreiteten Lattenzäune werden in ähnlicher Form gerade wieder „modern".

Professors in Gärten noch vorhanden war, wobei er leicht entrüstet bemerkte, daß im Förstergarten von Dravit die von Fischer-Benzon genannten Zierpflanzen „der Gewinnsucht der Menschen zum Opfer gefallen" waren. An ihrer Stelle seien bis vor zwei Jahren Kartoffeln angebaut worden, doch der neue Förster ziehe nun wieder Blumen.

Im „Monatsblatt für Gartenbau in Schleswig-Holstein" plädierte 1887 Dr. Wilhelm Seelig dafür, die „alten einheimischen Lokalsorten der Äpfel und Birnen nicht zu vergessen", und berief sich dabei auch auf eine Liste von C. C. L. Hirschfeld, die 1788 erschien.

Und in derselben Nummer der Zeitschrift wies der Sonderburger Handelsgärtner Livoni nach, daß der Gravensteiner Apfel, „unsere anerkannt wertvollste Lokalsorte", durch den Grafen Christian von Ahlefeld zwischen 1702 und 1707 aus Italien eingeführt und auf dem Gut Gravenstein erstmalig vermehrt worden war.

Mit der Tatsache, daß die einjährigen Sommerblumen in der Marsch in Mißkredit gekommen waren, beschäftigte sich 1887 der Lehrer S. im „Monatsblatt für Gartenbau". Leider nahm er davon Abstand, die „Ursache dieses Umstandes aufzudecken", und beschränkte sich auf Winke, wie man trotz des schweren Marschbodens Erfolge mit Einjahrsblühern haben könne. Ganz besonders empfahl er Tagetes, Zinnie, Reseda, Winde, roten Lein, Strohblume, Steinkraut, Schleifenblume, Kapuzinerkresse und Levkoje. Offensichtlich waren diese Unentwegten der Bauerngärten damals tatsächlich nicht mehr sehr beliebt und hatten gegen die Konkurrenz der neuen Prachtstauden und immergrünen Gehölze einen schweren Stand.

Und sogar die Kommunalpolitiker des Kreises Lüneburg mußten sich kurz nach 1900 mit dem „Schatz der Dorfblumen" befassen, denn der Landrat setzte sich in einer Verfügung für die Anpflanzung „der schon von unseren Vorfahren mit Liebe und Sorgfalt gepflegten schönblühenden alten Gartenblumen" ein. Wäre der Landrat ein Mann vom Format Karls des Großen gewesen, dann hätten die lüneburgischen Bauerngärten heute ihr eigenes

„Capitulare“ gehabt mit Fuchsschwanz, Strohblumen, Malven, Astern, Löwenmaul, Ringelblumen, Goldlack, Phlox, Bartnelken, Feuerlilien, Eisenhut, Glockenblumen, Christrosen, Tränenden Herzen, Schwertlilien, weißen Lilien und Zentifolien. Diese selten gewordenen Blumen sollten „die Liebe zum eigenen Heim und dadurch zur Heimat wieder stärken“.

Gartenkultur auf dem Lande wurde also zum erstenmal Gegenstand historischer Betrachtung. Und was 1810 ein zwar hübsches, aber doch nur dem Nutzen dienendes Stückchen Erde gewesen war, geriet ein Jahrhundert später den zurückblickenden Enthusiasten unversehens zur Idylle, wenn nicht gar zur Ideologie. Es erschienen zahlreiche Abhandlungen über die Geschichte der Bauerngartenflora, über ihre Namen, ihre Bedeutung in der Mythologie, in Sitte, Sage und Volksaberglaube. Pflanzen wurden als „historische Dokumente“ gesehen. „Volksbotanik“ und „Volksetymologie“ hatten ihre große Stunde.

1920 schrieb E. Rabe aus Harburg in der Zeitschrift „Niedersachsen“: „Was ich aber wünsche, ist dies: daß unsere niedersächsische Landbevölkerung einmal erfahre, was sie denn eigentlich an ihren Dorfgärten hat. In welchen Reichtum echt deutscher, urgermanischer Art und Sitte lassen sie den hineinblicken, der sich liebevoll mit den Kindern Floras beschäftigt, die in den äußerlich oft unscheinbaren Bauerngärten seit Urvätertagen gehegt und gepflegt werden, und von denen heute viele – leider – kaum mehr als dem Namen nach bekannt sind.“

Es hört sich an, als wolle er Wotan und die ganze Götterdämmerung aus dem Zwiebelbeet heraufbeschwören. Fragen wie: „Welche Pflanzen in den Bauerngärten sind einheimischen, welche fremdländischen Ursprungs? Welche sind gleichsam Spuren des alten Götterkultus unserer Vorfahren?“ erhellen wie ein Wetterleuchten die politische Landschaft jener Zeit.

Wir wissen, daß diese Betrachtungsweise uns und den Bauerngärten letztendlich wenig Glück gebracht hat. Letztere waren spätestens 1945 auf den Stand von etwa 1750 zurückgeworfen. Gärtner Mayern aus Heide hätte sie wiedererkannt: Kohl, Bohnen, Erbsen, Sellerie, Porree, Wurzeln, Kartoffeln – und bescheiden am Rand ein paar unverwüstliche Sommerblumen und Blütenstauden. Und doch – ein Paradies für diejenigen, die Hunger hatten und zugreifen durften.

16
1935: Spätes Grottenfieber in Braaken

Irma S. ist in Braaken, einem Dithmarscher Dorf mit damals etwa 300 ortsgebürtigen Einwohnern, als Arbeiterkind geboren und aufgewachsen. Eine gute Fee hat ihr 1927 die Liebe zum Gärtnern in die Wiege gelegt. So kommt es, daß sie sich, obwohl sie schon lange woanders lebt, noch heute genau an die Braakener Bauerngärten ihrer Kindheit erinnert.

Ihre eigenen Gartenerfahrungen begannen mit dem achten Lebensjahr, als ihre Mutter ihr nach langem Drängeln ein etwa zehn mal zwanzig Meter großes Stück Grasland neben dem Haus zur selbstverantwortlichen Bewirtschaftung überließ. Die Achtjährige legte dort einen Gemüsegarten und einen kleinen Blumengarten mit einem runden Mittelbeet an. Was sie dazu brauchte, „schnorrte" sie sich im Dorf zusammen. Samen für Petersilie, Porree, Wurzeln und Bohnen erntete sie später „aus eigener Zucht".

Ihre erste Panne erlebte sie mit einer kleinen weißen Blume, vor der ihre Mutter sie schon gewarnt hatte, weil sie sich angeblich wie Unkraut verbreitete. Irma pflanzte sie trotzdem und hatte dann jahrelang zu tun, um sie wieder loszuwerden.

Was für eine Blume das war? „Fragen Sie mich nicht", sagt sie heute, „ich weiß sowieso von vielen Blumen nur die im Dorf gebräuchlichen Namen. Und diese hatte keinen." Nach genauerer Beschreibung einigten wir uns darauf, daß es sich wahrscheinlich um das Mutterkraut (Chrysanthemum parthenium) gehandelt hatte.

Irmas Gartenleidenschaft begründete ab 1935 eine feste Freundschaft mit der Bäuerin Rohwedder auf dem Norderende, die den blumenreichsten Garten des Dorfes hatte. Er lag vor der Haustür an der Straße, war an der linken Seite mit einem Drahtzaun, vorne und rechts mit einer Weißdornhecke eingefaßt. Ein Sandweg trennte ihn vom Haus. In der Mitte gab es ein rechteckiges Rasenstück, damals natürlich – wie überall – nur mit der Sense gemäht. An drei Seiten war dieser Rasen von einer breiten Staudenpflanzung eingefaßt.

Wann immer Frau Rohwedder etwas Neues oder Besonderes in ihrem Garten machen wollte, sagte sie der kleinen Irma auf dem Heimweg von der Schule Bescheid. Die tauchte dann für den Rest des Tages im Rohwedderschen Blumengarten unter.

Noch heute leuchten die Augen von Irma S., wenn sie sich an dieses Gartenparadies erinnert. Schon unter den Beerensträuchern neben dem Haus, die zum Gemüsegarten überleiteten, breitete sich wie ein See die monatelang blühende Kapuzinerkresse aus. Im Blumengarten stand dann in scheinbar regelloser Pflanzung, doch nach Höhe, Farbe und Blütezeit sorgsam gruppiert, die ganze Fülle altbekannter Zwiebelgewächse und Blütenstauden.

Im Frühling stickten gelbe Trompetennarzissen, weiße Tazetten (in Braaken „Settleschen" genannt), Tulpen, Kaiserkrone und Schachbrettblume, blaue Hasenglöckchen und Perlhyazinthen, Trollblumen, gefüllte Dotterblumen (heute schon verschollen), Primeln und Stiefmütterchen unter der blühenden Blutjohannisbeere den ersten bunten Teppich. Lupinen, Goldlack, gefüllte Bauernrosen in Weiß, Rosa und Rot, Tränendes Herz, Akelei, Türkenmohn, weiße und rosa Nelken, blaue und gelbe Schwertlilien, rosafarbene Blütenpolster einer Steinbrechart und Vogelmilchstern lösten sie ab.

Und wenn diese ihr Bestes gegeben hatten, kam der hochsommerliche Farbenrausch von Bartnelken und Montbretien, von dunkelblauem Rittersporn und cremeweißem Waldgeißbart (Aruncus silvester), von hellrotem und weißem Phlox, von gelben Lilien und Feuerlilien, von „Hahn und Henne" (Irma S.: „Fragen Sie mich nicht, wie das richtig heißt, wir kannten nur diesen Namen!"), von Kugeldistel, Margerite, Fuchsschwanz und Zinnie.

In einer Schattenecke hatte sich der Farn versammelt, und an allen möglichen Plätzen des Gartens leuchtete das Gelb und Orange der „Morgenröte" (Ringelblume).

Wenn die Tage kürzer wurden, blühten die hohen blauen und roten Winterastern auf und gesellten sich zu den ihnen nahestehenden matten Farben der Hortensien.

Im Rohwedderschen Gemüsegarten rechts neben dem Haus und hinter dem Obsthof diente der Schattensteinbrech (Saxifraga umbrosa) als Einfassungspflanze. Seine schüssel-

Im Rohwedderschen Garten blühte die Feuerlilie, die schwere, feuchte Böden liebt. Sie ist eine Wildpflanze, aber schon seit 500 Jahren in Gartenkultur.

Tazetten (vielblütige Narzissen) wurden in den dreißiger Jahren im Dorf Braaken „Settleschen" genannt. Sie waren wegen ihres betäubenden Duftes bei den Bäuerinnen besonders beliebt.

förmigen Rosetten wurden in Braaken „Teetassen" genannt. Es gab ein Spargelbeet (1935 noch Luxus!) und einen Mittelweg mit Gemüsebeeten links und rechts. Eines davon war regelmäßig mit Sommerblumen besät, zur Augenfreude und für Blumensträuße. Dort wuchsen Strohblumen, Kornblumen, Klatschmohn und Sommerastern, welch letztere später an andere Stellen ausgepflanzt wurden. Das ganze war eine bunte Mischung, so wie sie aus dem Samentütchen gekommen war. Hohe, windanfällige Spätsommerblüher wie Rudbeckien und einjährige Sonnenblumen standen in der Randbepflanzung des Gemüsegartens.

Ein anderer Bauerngarten auf dem Süderende Braakens ist Irma S. als Gegenstück zum Rohwedderschen Staudenparadies in Erinnerung. Er gehörte zum Hof Lüneburg und sah aus wie ein gepflegter Park. Seine Anlage stand noch in der Tradition englischer Landschaftsgartenkunst des 19. Jahrhunderts mit Rasen, Bosketts und Baumgruppen.

Vor der Schmalseite des weitgehend mit Efeu und Glyzinen berankten Hauses lag in ganzer Breite eine verglaste Veranda, die eine Reihe von vier hohen Bäumen beschattete. Zur Straße hin breitete sich Rasen aus mit einer großen Strauchgruppe am Haus und kleineren, sich ungezwungen dahinschlängelnden Blütensträuchern. Darunter gab es Rispen- und andere Hortensien, den Pfeifenstrauch (Jasmin genannt), Goldregen, Ilex, Rhododendron, Schneebeere, Essigbaum, Braakens erste Blautanne und eine Weigelie mit rosafarbenen Blüten, die Irma S. sehr liebte, ihrer Mutter aber nicht ins Haus bringen durfte, weil es angeblich „Koppwehbläum" waren. Die hohen, eleganten Blütenrispen der „Goldquaste" (Solidago) und die leuchtendgelben Blüten von Rudbeckien und Coreopsis (Mädchenauge) bildeten wochenlang einen malerischen Kontrast zu den Büschen.

Braakens Dorfbild mit seinen Gärten schildert Irma S. für die 30er Jahre als ziemlich einheitlich. Zur Straße hin gab es eigentlich nur zwei bis vier Bäume vor jedem Haus, unter denen außer Gras kaum etwas wuchs. Die Hecken an der Straße bestanden überwiegend

aus geschorenem Weißdorn, wenig Liguster und noch seltener Lebensbäumen. Die voneinander getrennten Zier- und Gemüsegärten lagen nicht direkt an der Straße, sondern seitlich des Hauses oder hinter ihm, also auf die jeweilige Wohnsituation bezogen. Zäune bestanden aus gestrichenen Holzlatten oder Maschendraht. Vereinzelt gab es noch kleine formale Gartenteile mit Buchsbaum als Beeteinfassung, die aber trist aussahen. Hübsch muß das sommerliche Bild der Wälle gewesen sein, denn dort wuchsen Flieder, Forsythien, Pfeifenstrauch, Schneeball und Holunder.

Braaken hatte zu jener Zeit nur sehr wenige Rosen. Doch gab es im Dorf alljährlich wiederkehrende Gartenereignisse, die sozusagen das Markenzeichen einzelner Grundstücke waren. So hatte ein einziges Haus auf dem generell sonst nicht bepflanzten Grasstück an der Straße im Frühling eine richtige Krokuswiese. Eine Bäuerin zog auf dem etwa sechs Meter langen Wall jedes Jahr eine dicke Reihe herrlicher Montbretien. Am etwa zehn Meter langen Zugang von der Straße zur Tür des Kaufmannsladens blühten jeden Sommer rechts und links hinter einer niedrigen Weißdornhecke je zwei Reihen prachtvoller Dahlien. Im Gemüsegarten der damals benachbarten Gastwirtschaft prunkten die Dahlien alljährlich vor einer zehn Meter langen Hecke. Schöne Polster von weißen und rosa Nelken oder Immergrün gab es als Einfassung an manchem Gartenweg. Die dekorativen Blattmassen der Funkien (Hosta) in verschiedenen Sorten waren im ganzen Dorf beliebt und verbreitet.

Auch Braakens Gärten waren „Frauensache". Die Arbeit der Männer beschränkte sich aufs Heckenscheren, Mistbringen (mit der Schiebkarre), Rasenmähen (mit der Sense), auf das Schneiden und Kalken der Obstbäume und das Auffüllen der Spargelbeete.

Den Einzug einer ganz neuen Mode in Braakens Bauerngärten hat Irma S. ab 1935 miterlebt. Die sogenannten Lindenlauben, im offenen Viereck geschorene Lindenhecken, in denen eine Bank stand, waren überaltert und unansehnlich geworden. Einer fing an, seine Laube herauszureißen und durch etwas zu ersetzen, was man mit ein wenig gutem

Dieses offene Oval aus Lindenbäumen war einst eine geschorene Lindenlaube, in der an Sommersonntagen Kaffee getrunken wurde. Wahrscheinlich lag sie am Ende eines großen Bauerngartens in Dellbrück.

Willen als Steingarten hätte bezeichnen können. Es führte jedoch den stolzen Namen „Grotte".

Wer diese etwas mißverstandene Gartenarchitektur so verspätet nach Braaken brachte, läßt sich nicht mehr feststellen. Tatsache bleibt, daß sie großen Anklang fand und in vielen Gärten nachgemacht wurde. Von der Natur nicht mit Felsgestein versorgt, fuhren die Bauern von ihren Äckern große Mengen an Feldsteinen heran, setzten sie mit Erde zu einem hohen, halbmondförmigen Wall zusammen, der an der Innenseite steil, an der Außenseite flach abfiel. Das Ganze wurde mit Polsterstauden bepflanzt und wieder mit einer Bank als Sitzplatz ausgestattet.

Auch die kleine Irma S. wurde vom Grottenfieber gepackt. So gut es ging, schleppte sie Feldsteine heran und versuchte, sie in ihrem Garten aufzutürmen. Das schwere Werk sollte aber über Fußhöhe und Meterbreite nicht hinauswachsen. „Es ist nichts richtiges geworden", sagt Irma S. heute, und die Enttäuschung des kleinen Mädchens ist ihr noch immer vom Gesicht abzulesen.

Das Dorf Braaken wurde kurz vor Kriegsende im März 1945 durch Bomben, die der nahegelegenen Erdölraffinerie Hemmingstedt galten, stark zerstört. Heute ist von seiner ursprünglichen Struktur kaum noch etwas zu erkennen. Auch die Höfe Rohwedder und Lüneburg mit ihren besonders schönen Gärten wurden in Schutt und Asche gelegt und nach dem Krieg nicht wieder aufgebaut. Ein einziger Apfelbaum des Rohwedderschen Gartens überlebte das Inferno und legt noch heute Zeugnis ab von einem verlorenen Paradies.

Dahlienrausch in Bargenstedt. Auch in Braaken wurden Dahlien stets im Windschutz von Hecken gezogen.

17
Die neuen Bäuerinnen

Gott ließ den Baum der Erkenntnis wachsen, und Eva pflückte die Frucht – es sieht so aus, als sei der Garten von Anbeginn der Menschheit eine Sache der Frau gewesen. Nach R. Zander hatte sie im germanischen Kulturkreis bis über das Mittelalter hinaus das Recht, über den Garten und seine Erzeugnisse zu verfügen. Ein Stück Freiheit also, eine schöpferische Aufgabe, in die sich nicht einmal ihr eigener Mann einmischen durfte.

Wahrscheinlich haben die Bäuerinnen deshalb zu allen Zeiten ihren Garten geliebt und ihn ohne Männerhilfe in schönster Ordnung gehalten. Das Keimen, Blühen und Fruchten auf diesem eingehegten Stückchen Erde war ihre ureigene Angelegenheit, und ihr Stolz auf die mit Eingemachtem gefüllten Regale war so legitim wie der ihres Mannes, wenn er sein Vieh auf der Weide zählte.

„Wer die Höfe unserer Landfrauen besucht, wird viele erfreuliche Gärten finden, denn der Garten ist nun einmal ihr Herzstück – und das meine auch!“ Dieses freimütige Bekenntnis stammt von einer Autorin, die im Jahre 1950 ein „Maschinenbuch“ für Bäuerinnen schrieb.

Aenne Gausebeck hatte Ermittlungen über die ländliche Frauenarbeit gesammelt, die noch vor 40 Jahren körperliche Schwerstarbeit war. Sie wollte das Interesse der Bäuerinnen für Gesamtbetriebsfragen und moderne Landtechnik wecken, um ihnen zu zeigen, wie sie sich die tägliche Fron erleichtern konnten. So rechnete sie ihnen die jährlichen Tragelasten an Wasser, Viehfutter und Kartoffeln auf, wahrscheinlich ohne zu ahnen, welche Gewichte wenige Jahrzehnte später eine einzelne Bäuerin allein durch Knopfdruck und Hydraulik bewegen sollte.

So nüchtern und überzeugend ihre Kapitel über Rollkörbe, Waschmaschinen und Elektroherde gerieten – beim Plädoyer für beste technische Hilfsmittel im Bauerngarten ging das Herz mit ihr durch: „Kein Schaffenszweig ist von soviel innerer Schönheit durchströmt und von soviel äußerer Schönheit umflutet wie die Gartenarbeit.“

Aenne Gausebeck erinnert an die wechselnde Stimmung der Jahreszeiten, den Geruch der frischen Erdschollen im Frühjahr, den Würzduft der Kräuter im Sommer, an den Nestbau der Vögel in der Gartenhecke und die Fütterung ihrer halbflüggen Jungen. „Groß ist der Schönheits- und Gemütswert des bäuerlichen Hausgartens. In der gesammelten Stille wandern die Gedanken, indes die Hände das Saatbeet richten oder die Erntefrüchte brechen.“

Das unverhohlene Gefühl der Autorin für den Bauerngarten und ihre zugleich realistische Einschätzung der Rolle, die die Technik demnächst im Leben der Landfrau spielen würde, zeichneten 1950 das Modell der neuen Bäuerin, mit der wir es heute zu tun haben.

Als ich Anfang der 70er Jahre Dithmarschen noch nicht gut kannte und mich auf einer Wanderung im Riesewohld verirrte, kam mir auf einem Waldweg eine fröhliche Gesellschaft entgegen: ungefähr ein Dutzend Frauen zwischen 25 und 50 Jahren, schlank und sportlich im Freizeitdreß und auf blinkenden Fahrrädern. Touristinnen aus der Stadt, dachte ich. Doch sie belehrten mich eines Besseren. Es waren Landfrauen aus der Umgebung, die ihren monatlichen Sonntagsausflug zum Kaffeetrinken machten.

Nachdem sie davongeradelt waren, wischte ich mir die Augen. Das waren die neuen Bäuerinnen! Ich hatte offensichtlich eine grundlegende Entwicklung der letzten 30 Jahre verschlafen.

In den folgenden Sommern sah ich ihnen oft bei der Arbeit zu. In Gummistiefeln, Jeans und alten Pullovern meisterten sie die Technik der Melkstände auf den Weiden, steuerten sie gewaltige Zugmaschinen über schmale Wirtschaftswege, um die haushoch mit Strohballen beladenen Hänger auf den Hof zu bringen. Aenne Gausebeck, die 1950 noch um mehr Wasserhähne im Wirtschaftsbereich der Landfrau gekämpft hatte („Jede Bäuerin wünsche sich jahrelang eine weitere Wasserzapfstelle zu Weihnachten!“), dürfte heute ihre kühnsten Hoffnungen übertroffen sehen.

Wenn die Primeln blühen, beginnt für die Bäuerinnen die schönste Zeit im Garten. Das Unkraut schläft noch, und die Einmachzeit ist weit. Landfrauen von heute genießen ihren Garten mehr und bewußter als ihre Vorgängerinnen.

Schwere landwirtschaftliche Maschinen und traumhafte Blumengärten – die Landfrau von heute bringt beides unter einen Hut. Malven am typischen modernen Bohlenzaun eines Hofes in Fiel.

Marianne P., Bäuerin auf einem Marschhof in Ammerswurth. Hier holt sie schnell einen Kopf Endiviensalat aus ihrem Wirtschaftsgarten. Ihre Arbeitskleidung: Sweatshirt, Jeans und Gummistiefel. Sie ist beim Stroheinfahren.

Diese neuen Bäuerinnen, die mit modernster Landtechnik ganz selbstverständlich umgehen, sehen „das Herzstück ihrer Arbeit“ immer noch im Garten. Das wurde deutlich, als ich mich schließlich am runden Tisch mit ihnen traf, um etwas über ihre Gärten zu hören. Es war ein kalter Winternachmittag, doch es bleibt mir unvergessen, mit wieviel Freude und Wärme das Thema aufgegriffen wurde, als solle der kommende Sommer schon vorweggenommen werden.

In der lebhaften Unterhaltung wurde schnell klar, daß nicht nur mein Bild von den Bäuerinnen, sondern auch das ihrer Gärten korrekturbedürftig war. Zugegeben, es tat fast ein bißchen weh, daß es keinen Mittelweg für kleine Prinzessinnen mehr gibt. Daß Beete und getretene Pfade der Vergangenheit angehören. Zu arbeitsaufwendig, zu schwierig sauberzuhalten! Meine eigene kleine Nostalgie ging sang- und klanglos den Bach hinunter.

Generationsunterschiede manifestieren sich auch im Bauerngarten. „Fragen Sie doch mal die ganz Jungen von uns“, sagten meine Gesprächspartnerinnen, „die wollen es noch wieder anders machen als wir!“ Bauerngärten haben sich geändert, solange es sie gibt. Und sie ändern sich noch heute.

Dahlien in allen Formen und Farben quellen förmlich über den Maschendrahtzaun. In Bargenstedt haben's die Hühner noch gut: Im früheren Obsthof, der jetzt als Rasen gemäht wird, ist freier Auslauf garantiert.

18
Die neuen Bauerngärten

Januar 1988: Gartenrunde mit Dithmarscher Landfrauen. Die letzten rühren noch im Kaffee, da gibt es schon das erste Gelächter. Es geht um das sonnabendliche Harken. In ihrer Ausbildung zur landwirtschaftlichen Meisterin haben sie es in den 50er Jahren noch gelernt: Ein Garten hat Beete, deren Kanten geklopft werden, und Steige, auf denen regelmäßig Unkraut geschabt und zum Wochenende geharkt werden muß.

Heute lachen sie darüber. Unangetastete Makellosigkeit und feierliche Ruhe kennzeichnen nicht mehr den Sonntag im Bauerngarten. Da gibt es andere Indizien: Federballspieler auf dem Rasen, bunte Sonnenliegen auf der Terrasse und einen verheißungsvoll vor sich hinbrutzelnden Grill.

Die Landfrauen kennen das noch. Früher durfte man nur drinnen seinen Mittagsschlaf halten. „Draußen ist faul!" war die Devise. Heute sonnt sich auch die Bäuerin im Garten, denn „Bräune ist schön!"

Eine Terrasse, einen Platz zum Ausruhen haben sie alle im Garten. Einen Grill natürlich auch. Die eine benutzt ihn schon seit 15 Jahren, die anderen seit zehn, fünf oder drei. „Kommen Sie mal bei gutem Wetter", höre ich, „da riecht's im ganzen Dorf nach Grill!"

Draußen ist faul – Bräune ist schön, dieser Sinneswandel hat den Bauerngarten umgemodelt. Überall dient heute ein großer Teil seiner Fläche der Freizeit und Erholung. Diese Veränderung ist Anfang der 60er Jahre eingetreten. Zu dieser Zeit erwiesen sich viele Bauerngärten sowieso als „zu groß". Einerseits war der Eigenbedarf nach dem Krieg auf den Höfen allmählich kleiner geworden, weil nicht mehr so viele Arbeitskräfte zu beköstigen und manche Gartenprodukte aus der Tiefkühltruhe des Supermarktes billiger zu kaufen waren. Andererseits wurde mit modernen Anbaumethoden und rationeller Bewirtschaftung der Flächenertrag auch im Garten größer.

Einige Landfrauen nennen Zahlen. Ein etwa 700 Quadratmeter großer Bauerngarten auf der Dithmarscher Geest war bis 1960 noch über 1000 Quadratmeter groß, ein anderer schrumpfte 1965 von 1700 auf gut 1000. Der kleinste Bauerngarten der Gesprächsrunde zählt heute nur noch 600 Quadratmeter, der größte (aus der Marsch, wo alles immer etwas größer ist) 1300.

Das Bild des bäuerlichen Nutzgartens hat sich in den letzten 20 Jahren sehr geändert. Gemüse wird nicht mehr auf Beeten gezogen, sondern im feldmäßigen Anbau. Das heißt, es gibt nur eine große Fläche ohne Steige und Wege, auf der die Pflanzen in langen Reihen stehen. Von einem breiten seitlichen Weg aus wird einfach zwischen die Reihen getreten.

Diese Wirtschaftsweise hat ihre Vorteile: Zeitersparnis bei der Anlage und Aussaat, bessere Ausnutzung der Fläche, leichtere Unkrautbekämpfung, größere Flexibilität bei Folgesaaten und Fruchtwechsel. Zum Winter wird „tabula rasa" gemacht, und im Frühjahr liegt dieses Gartenstück plan und glatt wie ein unbeschriebenes Blatt unter der Märzsonne. Nur die Erdbeerreihen zeichnen sich ab, und irgendwo hebt sich schon die Erde über dem Rhabarber.

Für den Liebhaber formaler Gartenkunst mag dieses Bild eine Horrorvision sein, doch es hat im Sommer seinen eigenen, klaren Reiz. Nicht bunt durcheinandergewürfelt, sondern wie säuberlich gewebt liegen die parallelen Streifen unterschiedlicher Grüntöne und Wuchshöhe nebeneinander. Es läßt sich bequem und unbekümmert dazwischen ausschreiten, ohne Ecken, Kurven und Schnörkel. Die Übersichtlichkeit der Kulturen macht auf einen Blick deutlich, ob irgend etwas gilbt oder mickert und pflegender Nachhilfe bedarf.

Unabhängig von der heutigen, unterschiedlichen Gesamtgröße der Gärten beträgt bei den befragten Landfrauen die Nutzfläche für Gemüse und Beerenobst im Durchschnitt etwa 200 Quadratmeter. Eine Bäuerin kommt sogar mit 40 Quadratmeter aus. Eine andere, deren Geestgarten vor 1960 noch über 1000 Quadratmeter groß war, kann sich erinnern, daß damals ihr Gemüseland neun Zehntel der Gesamtfläche einnahm. Heute hat die Nutzfläche in Dithmarscher Bauerngärten in der Regel nur noch einen Anteil von knapp der Hälfte bis zu einem Fünftel.

Winterlinge – die ersten Farbtupfer im Frühling machen den Landfrauen die größte Freude.

Demgegenüber stehen die für Freizeit und Vergnügen genutzten Gartenflächen: Rasen als Spielplatz für Kinder gibt es in Größenordnungen von 800, 600, 300 und 150 Quadratmeter, wobei der letztgenannte so klein ist, weil auf seiner ursprünglichen Fläche ein Zierteich angelegt worden ist.

Überdachte Gartenterrassen sind auf den Höfen im wetterwendischen Dithmarscher Seeklima keine Seltenheit. Stolze 15 Quadratmeter regen- und windgeschützte Sitzfläche meldet eine Marschbäuerin. Drei Terrassen nach Osten, Süden und Westen besitzt ein Geesthof – da kann jeder Sonnenstrahl genutzt und fast jede Windrichtung „ausgeschaltet" werden.

Die Flächen für Blumen und Ziersträucher bewegen sich zwischen 150 und 300 Quadratmeter. Nur der Marschhof liegt mit 500 mal wieder an der Spitze.

Der Trockenplatz für Wäsche ist im Bauerngarten ebenfalls nicht mehr das, was er mal war. Viel Wäsche wird heute maschinell oder drinnen getrocknet. Doch ganz ohne Wäscheleine geht es nicht. Sie hat sich jetzt bescheiden auf die Trennlinie zwischen Blumen- und Gemüsegarten, auf die Terrasse, an die Rasenkante oder die Küchentür zurückgezogen.

Auf Windschutz kann allerdings nach wie vor in Dithmarschens Bauerngärten nicht verzichtet werden. Alle befragten Landfrauen ziehen ihre Pflanzen hinter Wällen, Hecken oder Sträuchern. Wo die Lage nicht so extrem ist wie in den Kögen, leisten sie sich für diesen Zweck schönblühende Ranker oder Gehölze wie „Blauregen" (Glyzine), Jelängerjelieber, Clematis, Rhododendron, Flieder, Spierstrauch, Goldregen, Forsythie, Weigelie, Blutjohannisbeere, Felsenbirne, Kornelkirsche, Hortensie und Ginster. Auch schöne Belaubung und auffallender Fruchtschmuck wie beim Kirschlorbeer, Ilex und Pfaffenhut spielen eine Rolle. Zierkirschen, Zaubernuß, Strauchmagnolie, Blutfächerahorn und Essigbaum sind als Solitäre manchmal ins Staudenbeet integriert.

Wie ein unbeschriebenes Blatt liegt der moderne Wirtschaftsgarten eines Marschhofes in Busenwurth in der Aprilsonne. Hohe Bäume an der Westseite und eine geschorene Weißdornhecke sorgen wie in alten Zeiten für Windschutz.

Für Wälle an mehr exponierten Standorten muß jedoch nach wie vor auf Altbewährtes und Robustes zurückgegriffen werden: Weißdorn und Rugosa-Rosen. Holunder wird wegen seiner zahlreichen Sämlinge nach Möglichkeit vom Garten ferngehalten. Seine Früchte für Suppen und Gelee holt sich die Bäuerin aus dem Knick.

Obwohl er erheblich kleiner geworden ist, hat der mit Gemüse bepflanzte Teil des Bauerngartens noch heute einen hohen Stellenwert. Das läßt sich schon aus dem Eifer schließen, mit dem die Landfrauen dieses Thema aufgreifen. Sicher, einiges wird kaum noch im Garten gebaut, weil es so anfällig für Schädlinge oder billiger zu kaufen ist – eine Frage der Rentabilität und Arbeitsersparnis. Dazu gehören immerhin so altbekannte Gemüsearten wie Spargel, Rosenkohl, Blumenkohl, Grünkohl und Suppengemüse. Auch Zwiebeln werden selten im Bauerngarten wegen des starken Schädlingsbefalls. Erbsen sind nicht mehr unerläßlich, seit es sie gut und billig in Konserven oder tiefgefroren zu kaufen gibt. Doch zum Naschen braucht man ein paar. Spinatanbau ist rückläufig, und Rote Bete scheint auch nicht mehr jedermanns Sache zu sein. Tomaten gedeihen in Dithmarscher Bauerngärten sowieso nur, wo es ein warmes geschütztes Eckchen für sie gibt.

Doch ihren Stammplatz im Nutzgarten behaupten immer noch Bohnen, Wurzeln, Porree, Sellerie, Salat (auch alle neuen Sorten), Radieschen, Kohlrabi, Schwarzwurzeln, Rhabarber, Gurken und Kürbisse. Weißkohl und Rotkohl scheinen nur in der Marsch noch im Garten zu wachsen. Mit Rosenkohl und Grünkohl versorgen die Bäuerinnen sich vom Feld. Porree für den Hausgebrauch wird manchmal am Feldrand angepflanzt. Eine Geestbäuerin meldet sich zu Wort, die im Garten noch Speiserüben (Steckrüben) zieht.

Kartoffeln im Garten haben sie alle. Es sind in den letzten Jahren eher mehr als weniger geworden. Etwa ein Drittel der Gemüsefläche wird ihnen eingeräumt. Das bedeutet Arbeitserleichterung und Ersparnis. Am liebsten hätten es die Landfrauen, wenn sie den ganzen Sommer über bis in den Herbst hinein Kartoffeln aus dem eigenen Garten holen

Klein, aber fein: direkt hinterm Ammerswurther Deich am Speicherkoog liegt dieser Bauerngarten. Die Nutzfläche – ebenfalls ohne Beete – wird umrahmt von Blumenrabatten. Links der Windschirm aus Linden am Haus, rechts außerhalb des Fotos der frühere Obsthof.

Wirtschaftsgarten der Bäuerin Marianne P. im September 1988: kein Mittelweg, keine Beete und Steige mehr. Das Gemüse wird in feldmäßigem Anbau gezogen. Lange, parallele Reihen halten genügend Abstand, daß man sich bequem dazwischen bewegen kann.

könnten. Sie ziehen sich oft eigene Saatkartoffeln von ihren Frühkartoffeln. Die ganz Eiligen keimen sie im Stall am Fenster vor, pflanzen sie zum frühestmöglichen Termin und schützen sie mit Schlitzfolie vor Frost. Dithmarschens Bäuerinnen schwören auf Schlitzfolie, denn Folientunnel werden ihnen vom Sturm regelmäßig durch den Garten gepustet.

Saat für Gemüse wird nicht mehr im eigenen Garten gewonnen, sondern gekauft. Der Katalog einer Samenfirma mit „uralter" Tradition wird genannt. Er geht jedes Jahr von Hand zu Hand. Aber auch die Grünen Warenhäuser, Samenhandlungen, der Kaufmann und der Gärtner liefern Saat. Kleinigkeiten, die vergessen wurden, bringt man sich manchmal noch vom Supermarkt mit.

Neues im Gemüsegarten wird vorsichtig ausprobiert – „sozusagen auf einem Standbein", wie es heißt. Im Seeklima bewährte Bohnensorten sind Holländische Prinzeßbohnen und die „Saxa". Stangenbohnen zieht keine der befragten Bäuerinnen mehr. Eine, die es noch einmal wollte, gab es endgültig auf, als sie feststellen mußte, daß ihr Mann die Stangen „zum Basteln verbraucht" hatte. Von den Erbsen sind Buschsorten und Reisigsorten gleichermaßen gefragt. Frappierend ist jedoch die Übereinstimmung beim Anbau von Wurzeln. „Lange rote stumpfe ohne Herz" deklamiert die ganze Runde unisono. Es klingt wie ein gemeinsames Gebet, dem eine einzelne Stimme noch das Wort „Nantaise" hinzufügt. Der Rest geht in Gelächter unter.

Die Wintervorräte aus dem bäuerlichen Gemüsegarten wandern zumeist in die Gefriertruhe. Genannt werden Spinat, Bohnen, Broccoli, Erdbeeren, Himbeeren, Brombeeren, Stachelbeeren, Schwarzwurzeln, Suppengemüse und Rhabarber. Wenn der Platz in der Truhe knapp wird, werden Bohnen auch noch nach alter Weise eingeweckt.

Erstaunlich ist, wie viele Würzkräuter heute in Dithmarscher Bauerngärten zu finden sind. Die befragten Landfrauen ziehen Kresse, Petersilie, Schnittlauch, Dill, Bohnenkraut, Zitronenmelisse, Liebstöckel, Maggikraut, Estragon, Petersilienwurzel, Meerrettich und

Knoblauch. Sie verwenden die Kräuter für Suppen, Gemüse und Kartoffeln. Schnittlauch und Kresse werden sogar mit Butter als Brotaufstrich serviert. Vitamine haben in der Bauernküche der Mettwurst längst den Rang abgelaufen.

„Gespritzt" gegen Unkräuter und Schädlinge wird sowenig wie möglich. Bei Wurzeln, Erdbeeren, Radieschen und Petersilienwurzeln geht es allerdings nicht ohne chemische Nachhilfe, weil es sonst keine Ernte gäbe. Auch der Hauptweg wird in der Regel mit der Spritze unkrautfrei gehalten, wenn er nicht mit Platten belegt ist.

Einhellig sind die Landfrauen der Meinung, daß der Nutzgarten für die Ernährung der Bauernfamilie auch heute noch wichtig ist. Keine von ihnen will auf ihn verzichten. Jederzeit kann sie zugreifen, hat sie etwas für die Küche zur Hand.

Mit der Tradition, daß Schnittblumen im Gemüsegarten gezogen werden, ist trotz seiner Unwandlung in ein „Gemüsefeld" nicht gebrochen worden. Einjährige Sommerblumen für Sträuße stehen immer noch – jetzt ebenfalls als Reihe – zwischen den Nutzpflanzen. Bevorzugt werden Bartnelken, Cosmeen, Malven, Zinnien, Sonnenblumen und Ziergräsermischungen. Hier ist auch der Platz, wo Neues ausprobiert wird, denn neugierig sind sie alle, wenn bisher Unbekanntes in Samentütchen angeboten wird.

Das Staudenreich im Ziergarten enthält allerdings noch heute ganz überwiegend altbewährte Bauerngartenblumen. Die auf Zuruf schnell hingeschriebene Liste offenbart eine traditionelle Vorliebe für Margerite, Rittersporn, Brennende Liebe, Gemswurz, Trollblume, Island- und Türkenmohn, Lupine, Phlox, Bauernrose, Iris (sibirica und germanica), Akelei, Kornblume in allen Farben, Tränendes Herz, Dalmatiner- und Pfirsichblättrige Glockenblume, Kokardenblume, Funkie in allen Varietäten, Nachtkerze, Gilbweiderich, Taglilie in Gelb und Kupfer, Rudbeckia, Aster in allen Sorten, Schleierkraut, rote und gelbe Schafgarbe, Großen Bertram („Knuppenbloom"), Eisenhut, Waldgeißbart und Astilbe, Primel, Christrose, Maiglöckchen, Nelkenwurz, Knöterich, Grasnelke, Mutter-

Kleiner spätsommerlicher Garten hinter einem Hof in Bargenstedt. Im Vordergrund Gemüse, hinten Rasen- und Trockenplatz für Wäsche. Das Ganze umrahmt von blühenden Staudensonnenblumen, Taglilien, Tagetes, Montbretien und anderen robusten Stauden.

kraut, Storchschnabel, Veilchen und Aurikel. Fackellilie und Erika sind relativ neu, doch scheinen sie sich nach dem Krieg einen festen Platz im bäuerlichen Ziergarten erobert zu haben. Keine Gartenlilie wird erwähnt, dafür aber Gräser: Buntes Bandgras, Blauschwingel, Blaustrahlhafer und Bärenfellgras.

Auch unter den Ein- und Zweijahrsblumen der Bäuerinnen finden sich nur gute alte Bekannte: Ringelblume, Kapuzinerkresse, Tagetes, Vergißmeinnicht, Judaspfennig, Stiefmütterchen, Cosmea, Malve (Lavatere trimestris), Petunie, Aster, Goldlack, Löwenmaul, Marienglockenblume, Fingerhut, Lavendel und Sonnenblume. Im Haus überwintern Dahlien, Montbretien, Gladiolen und Knollenbegonien.

Diese Aufzählung ist sicher nicht vollständig. Und doch hat sie ihre Gültigkeit, denn was da wie von selbst herausgesprudelt kam, ist der Grundstock, das sofort griffbereite „Material“, mit dem die Dithmarscher Landfrau heute ihren Ziergarten ausstattet. Was alles sie auch modernisiert haben mag – in der spontanen Wahl ihrer Blumen zeigt sich, wie tief (und gern!) sie trotzdem noch in Teilen der ländlichen Gartenkultur des 18. und 19. Jahrhunderts verwurzelt ist.

Samen von Einjahrsblumen werden alljährlich frisch gekauft. „Eigene Ernte“ gibt es nur noch von Malven und Tagetes, wobei der fruchtbare Marschboden einmal mehr zeigt, welche Kraft in ihm steckt: die aus selbst abgenommenem Samen gezogenen Tagetes werden dort von Jahr zu Jahr größer.

Die Anregungen, es mit neuen Blumen zu versuchen, kommen aus Katalogen. Pflanzen und Samen werden „verschrieben“, das heißt, die Bäuerin läßt sie sich schicken. Aber oft enthält auch der mitgebrachte Strauß aus dem Nachbardorf etwas, was man selber gern im Garten hätte. Der Pflanzentausch ist deshalb immer noch die häufigste und wichtigste Quelle für Neuerungen im bäuerlichen Blumengarten.

Zeigen die Landfrauen einander ihre Gärten? Immer (mit dickem Ausrufungszeichen)!

Hier schöpft eine Bäuerin aus dem vollen: Ein üppiges Prachtstaudenbeet, in dem der Phlox die erste Geige spielt, beherrscht die eine Hälfte des Gartens. Die andere ist zum Rasen geworden, der Weg dazwischen war einst die Mittelachse eines großen Nutzgartens in Fiel.

Der Gartenrundgang ist noch heute ein fester Programmpunkt bei gegenseitigen Besuchen. Er findet nach dem Essen statt. „Das ist immer ein ziemlicher Angang", sagen die Bäuerinnen. „Der Garten muß sauber sein, das Haus auch, und natürlich müssen vorher die Fenster geputzt werden." Sie tun das alles und schmunzeln darüber. Ein ungeschriebenes Gesetz, das ernst- und zugleich leichtgenommen wird.

Diese Gartenrundgänge machen allen Beteiligten große Freude. Es wird begutachtet, bewundert, verglichen, angeregt und Erfahrung ausgetauscht. Und natürlich wird auch hier und da heimlich ein Sämling oder Steckling ins Taschentuch gewickelt. Darin sind sich alle einig: „Geklaut wasst beter!"

Gibt es einen heimlichen Gartenwettbewerb im Dorf? Ja, wenn eine anfängt, spornt sie die anderen an. Wahrscheinlich ist das der Grund dafür, daß einige Dörfer in Dithmarschen auffallend viele schöne Gärten haben, während andere eher so aussehen, als warteten sie noch auf die „Initialzündung".

Auf die Frage, wer im Bauerngarten arbeitet, erklingt ein stolzes, einstimmiges „Ich". Ganz allein? Ja, die Männer helfen selten, eigentlich nur beim Graben und Mistholen. Das Rasenmähen übernehmen manchmal die Kinder – aber oft haben sie auch keine Lust dazu.

Die alten Obstgärten dienen meist als Weide für die Kälber. Manchmal stehen ein paar Obstbäume im Garten. Einige sind auch neu angepflanzt worden. Das sind dann niedrige, moderne Sorten. Genannt werden Kirschen, Zwetschen, Reineclauden, bei den Äpfeln Holsteiner Cox, Delicious und Klarapfel. Eine Landfrau erntet noch die „Köstliche von Charneux", auch Bürgermeisterbirne genannt, die als Sorte schon seit über hundert Jahren bekannt ist und noch heute keine moderne Konkurrenz zu fürchten braucht. Eine andere Bäuerin hat als Restbestand einer alten Pflanzung von 1910 noch zwei Obstbäume, die allerdings nicht mehr gut tragen. Es zeigt sich einmal mehr, daß die Ära der Obsthöfe vorbei ist.

Unter einem geschorenen Weißdornbogen hindurch blickt man in Fedderingen-Dammbrück auf diesen entzückenden, symmetrisch angelegten Ziergarten. Haus, Windschirm aus Linden und Blumenrabatten verschmelzen zu einer harmonischen Einheit.

Bewußte Traditionspflege im Bauerngarten ist für die Gesprächsrunde der Landfrauen kein Thema. Es ist nicht so, daß sie Stilfragen gegenüber „immun“ sind. Sie wissen zum Beispiel, daß Tannen nicht in ihre Gärten passen. Aber Grün im Winter ist gut, das Auge sehnt sich nach dieser Farbe, wenn an der Küste alles trist und grau ist. Und wenn die Tannen gedeihen (was sie längst nicht immer tun), dann finden die Landfrauen sie in Ordnung.

Hegen und bewahren sie noch Altes aus früheren Zeiten? Ein entschiedenes „Nein“ ist die Antwort. Das Haus ist modern, der Garten muß dazu passen. Außerdem muß er pflegeleicht sein. Kurze, bündige Antworten, an denen es nichts zu deuteln gibt.

Eine einzige überlegt für einen Moment: „Wenn ich nun ein altes Reetdachhaus hätte, würde ich vielleicht wieder ein Rondell angelegt haben, einen Baum pflanzen . . . aber . . . ach nee, doch nicht!“ Damit ist für alle diese Frage abgehakt.

Was mögen sie besonders gern in ihrem Garten? Eine kleine Heidelandschaft zum Beispiel mit Birken und Erika („die Heide geht jetzt leider aus“ – das immer wiederkehrende Dilemma beim gärtnerischen Versuch von Heideromantik), das Zusammenblühen von Tulpen und Vergißmeinnicht, zwei verschiedene, buntlaubige Bäume nebeneinander und natürlich den Frühling mit seinen ersten kleinen Farbtupfern aus Winterling, Märzbecher, Schneeglöckchen, Scilla, Krokus, Schneeglanz und Leberblümchen.

Die Arbeit mit Nutzpflanzen und Blumen wird von den meisten als Hobby, nicht als Fron angesehen. Natürlich haben sie es hin und wieder „im Rücken“, aber sie genießen ihren Garten mehr als die Bäuerinnen vergangener Zeiten. Er ist, wie sie sagen, für sie und die Kinder Ersatz als Urlaubsort und eine „Oase innerhalb der anderen Arbeit“. Er erfüllt ihnen Wünsche, die sie nur andeutungsweise formulieren können: „Ein schönes Gefühl, rausgehen zu können“, „die Vögel hören“, „einfach im Grünen sitzen“.

Da ist sie also immer noch, die uralte Gartenlust, die seit Jahrhunderten so heilsam auf die Menschenseele wirkt und heute über Streß und Technik triumphiert.

19
„Weil Gärtnern meine liebste Arbeit ist . . .“

Was denkt und fühlt eine Bäuerin von heute, wenn sie sich mit ihrem Garten beschäftigt? Dorothea R. aus Glüsing hat das 1982 in einer Betriebsbeschreibung für ihre Prüfung als Meisterin der ländlichen Hauswirtschaft so locker und offen zu Papier gebracht, daß ich sie hier an einigen Stellen zitieren will.

Bevor sie auf einen Geesthof nach Glüsing heiratete, war sie Arzthelferin gewesen und hatte mit Landwirtschaft nichts zu tun gehabt. So lernte sie von der Pike auf ihr neues Handwerk.

1982 versorgte sie mit Mann, Kindern und „Senioren" eine auf den Bauernhöfen schon selten gewordene Großfamilie von sieben Personen. Ihr Nutzgarten war 190 Quadratmeter groß und ihre Familie, wie sie schrieb, voll auf ihn angewiesen. Für frisches Gemüse, Salat, Erdbeeren und vieles andere hätte sie jedesmal viele Kilometer fahren müssen, wenn der Garten nicht gewesen wäre.

Daß die wirtschaftliche Seite des Bauerngartens auch heute eine große Rolle spielt, zeigt sich in Dorothea R.s Bericht an vielen Zahlen. Da wird die Länge der Wege zum Geräteschuppen, Wasserhahn und täglich benutzten Kräuterbeet gemessen. Da geht es um Bodenpunkte und -analysen, Düngerbedarf, Niederschlagsmengen und Doppelnutzung des Gemüselandes. Da geht es um so einfache, aber wichtige Sachen wie den Betonplattenbelag des Hauptweges im Nutzgarten, der es ihr in vielen nassen Sommern erspart, jedesmal die Gummistiefel anzuziehen, wenn sie ein paar Kräuter holen will.

Die hochentwickelte Spezialisierung in der Landwirtschaft schlägt sich auch im Bauerngarten nieder. Dorothea R. hat dem arbeitsaufwendigen Spargelbeet abgeschworen, seit Spargel im Nachbardorf erwerbsmäßig angebaut wird. Möhren für den Winter erhält sie vom Nachbarhof. Fehlendes Obst, Herbst- und Winterkohl liefert der Schwager, der einen Obsthof bewirtschaftet. Gerechnet wird sehr genau. Unter Bezugnahme auf den jeweiligen Großhandelspreis im Berichtsjahr 1981 holte Dorothea R. bei 45 Prozent Doppelnutzung der Fläche einen Geldwert von 331 Mark für Gemüse und 594 Mark für Erdbeeren und Beerenobst aus ihrem Nutzgarten. Dafür waren insgesamt gut 87 Arbeitsstunden nötig. Für den fünfmal so großen Ziergarten mit Rasen, Rosen, Ziersträuchern, Blumen, Terrassen und Wegen ermittelte sie 110 Arbeitsstunden, die ihr vor allen anderen die liebsten sind.

Die Summe für Sämereien, Gartengeräte, Torf, Mineraldünger und Schädlingsbekämpfungsmittel, die Dorothea R. 1981 in den Nutzgarten stecken mußte, war ihr mit 216 Mark eigentlich zu hoch. So hat sie sich seither bemüht, diese Unkosten zu senken, und geht bei ihren Versuchen bis ins Detail. Zum Beispiel: „Da fange ich als erstes bei den Möhren an. Einen Versuch habe ich in diesem Jahr mit dem Saatband gestartet. Ich werde es nicht wiederholen, da sechs Mark für Möhrensaat viel zu teuer ist. Mit dem Sähelfer, den ich mir jetzt angeschafft habe, ist es gut möglich, auch sehr feine Saat gleichmäßig auszusäen."

Für den Fruchtwechsel hat sie ihr Gemüseland in sechs etwa gleich große Teilstücke aufgegliedert und „wandert" so mit den Erdbeeren, Erbsen, Bohnen und anderem durch den ganzen Garten. Sie achtet genau darauf, daß bei ihrer intensiven Wirtschaftsweise der Mutterboden nicht ausgebeutet wird. Stallmist, Kompost und Gründüngung durch Lupinen halten den Boden gar, gesund und nährstoffreich.

„Weil das Gärtnern meine liebste Arbeit ist, wird sie mit Schwung getan und geschafft", schreibt Dorothea R. Zeitlücken in der Hausarbeit füllt sie mit Gartenarbeit und genießt sie als erholsamen Ausgleich zu allen sonstigen Pflichten, die sie ja auch im Stall und bei der Ernte auf dem Feld hat. Großmutter und die Kinder helfen ihr manchmal. So fällt die Beerenobsternte glücklicherweise immer in die Sommerferien, in denen alle Hände zupakken können. Auch beim Erbsenpahlen, Entsteinen der Kirschen und Zwetschen und beim Erdbeer- und Stachelbeerputzen hilft die ganze Familie mit, denn gerade in der Haupteinmachzeit im Juli ist für die Bäuerin auch im Außenbetrieb viel zu tun. Da muß sie den Haushalt schon mal „links liegenlassen" und Versäumtes an Regentagen nachholen.

Mit selbstgebundenen Sommersträußen wetteifern Dithmarschens Landfrauen gerne. Auch im „Gemüsefeld" des modernen bäuerlichen Nutzgartens haben einjährige Schnittblumen wie die bunte Margerite ihren traditionellen Platz behalten.

Dorothea R.s größte Liebe aber gehört dem Ziergarten. Fast 1000 Quadratmeter ist er groß, und sie muß sich darin schon ganz schön tummeln, wenn das Eckgrundstück zu jeder Jahreszeit gepflegt aussehen soll. Trotzdem schreibt sie: „Besonders in den Wintermonaten spüre ich, wie sehr mir diese Betätigung im Garten fehlt."

1975 gestaltete sie den Ziergarten des Hofes grundlegend um. Die alte Anlage stammte noch aus dem Jahre 1910. Sie bestand aus einer Rasenfläche mit einem runden Beet in der Mitte, vielen kleinen Kieswegen und einer Steingrotte, die als Sitzplatz kaum genutzt wurde, weil sie weit entfernt vom Haus lag. Es war ein arbeitsaufwendiger Garten, von dem die Familie in der Freizeit nicht genügend Nutzen hatte.

Dorothea R. räumte gründlich auf. Drei große Linden wurden allerdings geschont. Sie werfen jetzt im Hochsommer angenehmen Schatten auf die 520 Quadratmeter große Rasenfläche. Zur Straße hin begrenzt den Garten heute ein Holzbohlenzaun, wie man ihn häufig in den Dörfern sieht. Seitlich der Gartenpforte sorgt eine dreimal jährlich geschorene Lärchenhecke für Wind- und Sichtschutz. An den Bohlenzaun lehnt sich ein großes Staudenbeet in unterschiedlicher Breite.

„Es hat einige Jahre gedauert, bis ich es erreicht hatte, daß in diesem Beet den ganzen Sommer über immer etwas blüht, daß Höhe und Farbe der Blumen gut zueinander passen", schreibt Dorothea R. Sie hat ihren Anfangsbestand an Zierpflanzen durch Tausch mit Nachbarn und Verwandten zielstrebig erweitert. Die Namen der Stauden, die sie nennt, sind auch in der Liste enthalten, die beim Rundgespräch der Landfrauen ermittelt wurde.

Ein Rosenbeet mit der altbewährten gelben, kupfrigrosa schattierten Teehybride „Gloria Dei" schließt sich an das Staudenbeet an. Blüten von „Gloria Dei" nimmt Dorothea R. gerne in ihre bunten Sommersträuße. Dann folgen Blütensträucher und eine große Edeltanne, die zur Adventszeit elektrische Kerzen trägt. Leider steht sie etwas weit vom Haus entfernt, aber „es können sich ja auch Nachbarn mit daran erfreuen".

Moderner Wirtschaftsgarten der Bäuerin Dorothea R. in Glüsing auf der Geest. Er hat die heute übliche Durchschnittsgröße von etwa 200 Quadratmetern und ernährte zeitweilig sieben Personen.

Zinnien gehören zu Dorotheas liebsten Einjahrsblumen.

Die Grenze zwischen Zier- und Nutzgarten markieren einige Tannen, eine Birke und Blütensträucher, vor denen ein Beet der großblumigen Floribundarose „Lilli Marleen" in feurig-samtigem Rot leuchtet. Vor diese Rosen pflanzt Dorothea R. gern Stiefmütterchen und später Tagetes, die „so schön unkompliziert" sind und die sie besonders mag.

Die Terrasse vor dem Haus wird oft genutzt. Eine Pergola davor lockert auf und dient als Sichtschutz. Daran wachsen Blauregen, der leider nicht blühen will, und Geißblatt. Die Ecke zur Hauswand füllen zartrosa Rosen der Sorte „Carina", denen eine Veilchenkante vorgepflanzt ist.

Der Frühling findet links neben der Terrasse und an der Pforte statt. Schneeglöckchen, Märzbecher, Blaustern, Tulpen und ein ganzes Krokusbeet, das bis zum hinteren Hauseingang reicht, immer größer, aber „leider auch immer blauer" wird, machen Dorothea R. im März die erste große Gartenfreude. Die Krokusse teilen sich den Platz mit schönen Ziersträuchern, Sommerblumen, Dahlien, Gladiolen und anderen Knollengewächsen, die zum Winter rausgenommen werden müssen.

An der kleinen Veranda vor der Haustür klettern ein zierlicher Efeu und eine dunkelblaue Clematis vor der weißen Wand.

Die einzige Panne, die Familie R. bei der Gartenplanung im Jahre 1975 unterlaufen ist, betrifft die Blutbuche auf dem Rasen. Sie ist, wie schon in Bauerngärten vor 80 Jahren, in Unterschätzung ihrer späteren Breitwüchsigkeit zu dicht an die Terrasse gepflanzt worden. Bis sich das herausstellte, war sie zum Umpflanzen zu groß, und so muß sie nun hin und wieder ein paar Zweige oder Äste lassen.

Dorothea R. wäre keine Bäuerin, wenn sie sich nicht auch für den Ziergarten ausgerechnet hätte, was er sie im Jahre 1981 kostete. 40 Mark gab sie für Unkrautvernichter (Sandstreifen an der Straße) und Schädlingsbekämpfungsmittel aus, fast das Dreifache allerdings für Blumen und Pflanzen. Sie hat nämlich eine Schwäche für bepflanzte Blumenkübel. Geranien, Agaven, Fuchsien und anderes bringt sie im Keller durch die kalte Jahreszeit. „Winterschalen" bepflanzt sie im September mit Heide. Aber wegen dieser Ausgaben hat sie „kein schlechtes Gewissen, denn wir erfreuen uns ja alle daran".

Es wird deutlich, mit wieviel Freude, Überlegung und Mühe diese Bäuerin ihren Garten macht. Dorothea R. ist damit kein Einzelfall, noch nicht einmal ein herausragendes Beispiel. Bauerngärten wie ihren findet man überall an der Westküste, wo eine Landfrau mit Lust und Liebe gärtnert.

„Ich möchte so gerne", schrieb Dorothea R. 1982, „diese Liebe zum gepflegten Ziergarten auf meine Kinder übertragen, finde damit jedoch wenig Verständnis bei unseren alternativ beeinflußten Sprößlingen. Hoffentlich ist ihre Schwärmerei für eine Naturwiese nur eine vorübergehende Erscheinung. Am Ende einer solchen Entwicklung könnte von einem Ziergarten sicherlich nicht mehr die Rede sein!"

Nun, seit 1982 sind ein paar Jahre ins Land gegangen. Dorothea R.s Stoßgebet ist zu ihrer großen Überraschung erhört worden. Ihre Tochter, die einen ähnlichen Beruf erwählt hat wie sie, nämlich medizinisch-technische Assistentin, bewirtschaftet jetzt in Hennstedt einen etwa 600 Quadratmeter großen Ziergarten. Und auch das macht sie wie die Mutter: mit Schwung und Liebe und allen Blumen und Kräutern, die sie vom heimatlichen Hof in Glüsing abzweigen kann. Von Naturwiese ist keine Rede mehr.

Dorothea R., die 1975 selber einen 65 Jahre alten Bauerngarten „auf den Stand der Zeit" brachte, hätte sich letzten Endes daran gewöhnen können, daß die heranwachsende Generation den Bauerngarten der Zukunft schon wieder anders sieht als sie. Das braucht sie jetzt nicht mehr. Aber sie hat eine Ahnung davon bekommen, daß auch ihr eigenes Gartenkonzept, so optimal es für den Hof und seine Bewohner heute sein mag, keine Garantie „für immer" gibt.

Noch stehen die großen Hochsommerstauden nicht in Blüte, doch Stiefmütterchen, Polsternelken, Knäuelglokkenblumen und blauer Storchschnabel verspinnen sich schon zu einem prachtvollen Teppichmuster. In Tellingstedt wird dieser formale Vorgarten von der Bäuerin S. mit viel Liebe erhalten.

20
Schluß

Das Hasenglöckchen (Scilla hispanica) hat über Jahrhunderte alle Gartenmoden überlebt. Seit 1600 ist es in Kultur, und wahrscheinlich wird es seinen Platz behaupten, solange es noch Bauerngärten gibt.

Die gegenwärtige „Wiederentdeckung" des Bauerngartens läßt in der Literatur, die dazu erschienen ist, manchmal den Eindruck entstehen, daß es den Bauerngarten gibt: einen festgeschriebenen Gartentyp, der sich von anderen unterscheidet. Der so und so war – in früheren Zeiten – und so auch bleiben muß, wenn er ein Bauerngarten sein will.

Dem kann man nur zustimmen, wenn man Bauerngärten als Antiquitäten behandelt. Eine Antiquität wie der echte, alte Barockschrank zum Beispiel hat nur noch seine Vergangenheit, an der um Himmels willen nicht gerührt werden sollte. Wird er verändert oder modernisiert, dann verliert er seinen Wert, seine Identität als „Stück aus der Zeit". Der Bauerngarten jedoch ist lebendig, hat Vergangenheit, Gegenwart und – hoffentlich – Zukunft. Seine Identität liegt nicht in einem bestimmten Alter oder einer bestimmten Form, sondern in der Tatsache, daß eine Bäuerin ihn bewirtschaftet, daß er die Familie eines Hofes ernährt und erfreut. Er muß weder „echt" noch „alt" sein.

Über die Anfänge seiner Entwicklung ist an der Westküste wenig bekannt. Quellen zur Bauerngartenforschung gibt es hier eigentlich erst seit der Zeit der Aufklärung, der gedruckten Reiseberichte und Wochenblätter ab 1800. Und gerade diese Quellen beweisen uns, daß der Bauerngarten nicht unverrückbar wie ein Fels in der Brandung des Zeitgeschehens gestanden hat. Neue Errungenschaften, neue Moden erreichten ihn möglicherweise etwas später als den Garten des weltläufigen Städters, aber sie erreichten ihn doch. Manchmal sogar erstaunlich schnell, wenn wir uns an Heinrich Christian Boies Garten in Meldorf (1784), an das Wirken des Lehrers Thomsen in Wesseln (1840) und an das Samen- und Pflanzenangebot des Meldorfer Kunstgärtners Runtzler (1855) erinnern.

Die Möglichkeit, mit ihrem Garten „aktuell" zu sein, hatten demnach in dieser Zeit umwälzender Neuerungen im Gartenbau auch die Dithmarscher Bäuerinnen, zumindest, wenn sie aufgeschlossene und engagierte Gärtnerinnen waren. Wie viele von ihnen diese Möglichkeit nutzten und zwischen 1785 und 1855 ihre Gärten modernisierten, wissen wir nicht, doch Thomsens und Runtzlers häufige und vielseitige Angebote lassen auf guten Umsatz schließen. Die Statik, die der heutige Gebrauch des Begriffes „Bauerngarten" uns suggerieren möchte, hat es nie gegeben.

Als sich im 19. Jahrhundert der bäuerliche Ziergarten vom Küchengarten absonderte, „verstädterte" er und folgte seitdem mehr oder weniger schnell den neuesten Gartenmoden. Der Nutzgarten hingegen dürfte noch fast 100 Jahre lang im Prinzip unverändert geblieben sein. Die Vielfalt der Sorten wurde größer, doch es blieben im Grunde dieselben Gemüsearten, deren Samen schon Gärtner Mayern in Heide 1742 verkauft hatte. Erst nach dem Zweiten Weltkrieg gab es auch im bäuerlichen Wirtschaftsgarten Veränderungen. Sie betrafen vor allem seine Anlage: keine Beete und Steige mehr, sondern feldmäßiger Anbau in Reihen.

Die Vermutung liegt nahe, daß es gerade die bäuerlichen Küchengärten mit ihrer alten Gliederung in Beete und Wege sind, denen heute nachgetrauert wird, wenn von der „vergangenen alten bäuerlichen Gartenkultur" die Rede ist. Dazu gibt es eine Parallele: das Verlustgefühl der Bauerngarten-Autoren vor 100 Jahren, die sich ebenfalls um Dinge grämten, welche 40 Jahre zuvor noch heil und in guter alter Ordnung gewesen sein sollten. Damals betraf die Klage die neuen bäuerlichen Ziergärten, die unter dem Einfluß der Kunstgärtnereien entstanden. Es ist eben alles schon einmal dagewesen – wer hat das doch gesagt?

Nicht dagewesen ist in Dithmarschen der heute oft propagierte Bauerngarten, in dem Nahrungs- und Zierpflanzen absichtlich durcheinander gepflanzt wurden. Dafür ist an der Westküste keine Tradition festzustellen. Wahrscheinlich, weil die Gärten groß genug angelegt werden konnten im Gegensatz zu gebirgigen Landschaften, in denen in Hausnähe oft nur eine kleine, für den Gartenbau geeignete ebene Fläche zur Verfügung steht. Das

Die einjährige Malve (Lavatera trimestris) ist im letzten Jahrzehnt zum jüngsten „Klassiker" in Dithmarschens Bauerngärten geworden – hier am Zaun zur Hauskoppel eines Hofes in Epenwöhrden.

Phänomen, daß Gemüse und Kräuter, Blumen für den Strauß und zum Schmuck des Anwesens in inniger Umschlingung wachsen, gibt es an der Westküste nur auf den Parzellen der Kleingartenkolonien, wo das Kombinationstalent mancher Kleingärtner auf engstem Raum wahre Wunderwerke vollbringt, die jeden Gartenfreund entzücken müssen.

Wie reich ein Bauerngarten aussah, hing zu jeder Zeit vom gärtnerischen Interesse und Geschick der einzelnen Bäuerin ab. Eine Bauerntochter, die im großen Garten eines Hofes in Hattstedt (Nordfriesland) aufgewachsen ist, erzählte mir, daß es dort noch 1930 neben Gemüse und Beerensträuchern keine weiteren Blumen gab als die Fliederhecke auf dem Wall und die „Morgenrose" (Ringelblume). Sie selbst erfüllt sich jetzt in einem kleinstädtischen Siedlungsgarten mit Obstbäumen und Gemüse ihren Traum vom Bauerngarten, in dem es bis in den späten Herbst hinein bunt durcheinanderblüht.

Man sieht auf den ersten Blick, daß dieser Garten sich von den Nachbargrundstücken, auf denen doch auch Blumen stehen, unterscheidet. Und trotzdem läßt sich nicht erklären, was dieses Fleckchen Erde inmitten gleichförmiger Siedlungshäuser der 50er Jahre zu einem Bauerngarten macht. Es muß eine Summe unauffälliger Details geben, die die Botschaft aussenden: Hier gärtnert eine Bäuerin.

Ich habe oft bemerkt, daß einer Bäuerin in ihrem Garten unversehens Dinge gelingen, für die kein Städter oder Gartenarchitekt „ein Händchen" hätte. Wie sie zum Beispiel den Misthaufen dicht mit Fingerhut umpflanzt, damit er von der Straße nicht zu sehen ist. Wie sie über einen unschönen, aber unentbehrlichen Maschendrahtzaun ein Netz von blaßrosa Cosmeen wirft oder aus einer kleinen Tüte Glockenblumensamen eine kompakte Wand von zartestem Lila bis tiefstem Blau zaubert. Wie sie ein altes Regenrohr mit einer Stockrose in Szene setzt oder edle Päonien und die schönen Fächer von Cotoneaster horizontalis in rhythmischer Pflanzung der Reihe der Stallfenster anpaßt. Das ist manchmal genial und zeugt von einem intuitiven Wissen um das geheime Wechselspiel zwischen Hof und Pflanze.

Aber es ist anzunehmen, daß sie nie darüber nachgedacht hat. Sie schüttelt ihre Gartenschöpfung unbekümmert aus dem Ärmel. Und sie kann machen, was sie will – was dabei herauskommt, ist ein Bauerngarten.

Pflanzenregister

Ortsnamenregister

Sach- und Personenregister

Literaturverzeichnis

Bechstedt, J. C.: Johann Caspar Bechstedts vollständiges Niedersächsisches Land- und Garten-Buch, Erster Theil vom Ackerbau und von Fruchtbäumen, zweyter Theil von Blumen, Flensburg und Leipzig, 1772

Eschenburg, H./v. Fischer-Benzon, R.: Unsere Bauerngärten, in „Die Heimat", 3. Jahrgang, Kiel, 1893

Finder, E.: Die Vierlande, 1. Teil, Paul Hartung, Hamburg, 1922

Foerster, K.: Neuer Glanz des Gartenjahres, 8. Auflage, Verlag Neumann-Neudamm, Melsungen/Basel/Wien, 1969

Franz, G.: Geschichte des deutschen Gartenbaues, Ulmer, Stuttgart, 1984

Gausebeck, A.: Landfrau und Kamerad Maschine, Girardet, 1. Auflage, Essen, 1950

Gleim, B.: Betty Gleim's Bremisches Kochbuch, Bremen, 1854

Gröll, W.: Über ländliche Gärten in Norddeutschland, in „Volkskunst", Heft 2, Callowey Verlag, München, 1985

Gröll, W.: Bauerngärten der Lüneburger Heide, Schriften des Freilichtmuseums am Kiekeberg, Band 1, Ehestorf, 1988

Gröll, W.: Zur Geschichte des ländlichen Hausgartens am Brümmerhof, Informationsschrift des Landwirtschaftsmuseums Lüneburger Heide, Uelzen, 1988

Gröll, W.: Seit wann sprechen wir vom „Bauerngarten"? Harburger Kreiskalender, 43. Jahrgang, Hamburg-Harburg, 1989

Gudme, A. C.: Schleswig-Holstein, eine statistisch-geographisch-topographische Darstellung dieser Herzogthümer, 1. Band, Kiel, 1833

Hanßen, G.: Historisch-statistische Darstellung der Insel Fehmarn, Altona, 1832

Hennebo, D.: Gärten des Mittelalters in „Geschichte der deutschen Gartenkunst", Band 1, Broschek, Hamburg, 1962

Kiesewetter, H. C.: Praktisch ökonomische Bemerkungen auf einer Reise durch Hollstein, Schleßwig und Dithmarsen und einen Theil des Bremer und Hannöverschen Landes an der Elbe, Hof, 1807

Knuth, P.: Zur Flora der schleswigschen Bauerngärten, in „Die Heimat", 2. Jahrgang, Kiel, 1892

Knuth, P.: Hallig-Gärten, in „Die Heimat", 4. Jahrgang, Kiel, 1894

Kohl, J. G.: Die Marschen und Inseln der Herzogthümer Schleswig und Holstein, 1. Band, Dresden und Leipzig, 1846

Krause, K. E. H.: Die Bohne und die Vietzebohne, Jahrbuch des Vereins für niederdeutsche Sprachforschung, Band 16, 1890

Landwirtschaftliche Nachrichten aus Dithmarschen, in „Schleswig-holsteinische Vaterlandskunde", 2. Stück, Hamburg, 1802

Loofft, M.: Nieder-Sächsisches Koch-Buch von Marcus Loofft, Stadt-Koch in Itzehoe, 2. Auflage, Altona und Flensburg, 1755, und 8. verbesserte Auflage, Lübeck, 1772

Marten, G./Möckelmann, K.: Dithmarschen, Westholsteinische Verlagsdruckerei, Heide, 1927

Mensing, O.: Schleswig-Holsteinisches Wörterbuch, 5 Bände, Wachholtz, Neumünster, 1927–1935

Meyer, F. J. L.: Darstellungen aus Nord-Deutschland, Hamburg, 1816

Mügge, Th.: Die Halligen und die Marschen, in „Streifzüge in Schleswig-Holstein und im Norden der Elbe", Frankfurt a. M., 1846

Neocorus: Chronik des Landes Dithmarschen, Band 2, herausgegeben von F. C. Dahlmann, Kiel, 1827

Nissen, G.: Alte Rosen, 5. Auflage, Verlag Boyens & Co., Heide, 1988

Nissen, N. R.: Kaiserzeit auf dem Dorfe, Dithmarscher Presse-Dienst Verlag, Heide, 1979

Nowak-Nordheim, W.: Freude am Bauerngarten, Südwest Verlag, München, 1982

Rabe, E.: Über unsere Bauerngärten . . ., in der Zeitschrift „Niedersachsen", 26. Jahrgang, Bremen, 1920/21

Rohde, D.: Betriebsbeschreibung, unveröffentl. Manuskript, Glüsing (Dithmarschen), 1982

Schauer, G. K.: Rosen und Tulipan, Lilien und Safran, im Eigenverlag Schauer, Frankfurt a. M., 1947

Schleswig-Holsteinische Provinzialberichte, Band 2, Jahrgang 6, 1792, Beilage: Katalog der Baumschule Jakob und Gerrit Peters, Tönning

Schleswiger Intelligenzblatt, Jahrgang 1855, Preis-Verzeichnis für das Jahr 1855 über Sämereien, Georginen-Knollen, Topfpflanzen, Bäume etc. aus der Baum- und Samen-Handlung von W. F. H. Runtzler, Kunst- und Handelsgärtner in Meldorf, Stadtarchiv Schleswig

Schreiber, I.: „Ich war wohl klug, daß ich dich fand." Heinrich Christian Boies Briefwechsel mit Luise Mejer 1777–1785, Biederstein-Verlag, München, 1961 (2. durchgesehene und erweiterte Auflage 1963, Nachdruck 1975)

Schröder, J. von: Topographie des Herzogthums Holstein, des Fürstenthums Lübeck und der freien und Hanse-Städte Hamburg und Lübeck, 1. Theil, Oldenburg in Holstein, 1841

Schulz, W.: Alte wendländische Hof- und Bauerngärten, Veröffentlichungen des Vereins zur Erhaltung von Rundlingen im hannoverschen Wendland, Heft 4, Lüchow, 1982

Seitz, P.: Der Gemüse- und Kräuteranbau . . . seit dem 18. Jahrhundert, in „Geschichte des deutschen Gartenbaues", Ulmer, Stuttgart, 1984

Skougaard, M./Hansen, H. T./Rasmussen, M.: Bondens have (Des Bauerngarten Gestaltung, Bestellung und Nutzung im 19. Jahrhundert, auszugsweise Übersetzung von W. Gröll als Manuskript), Nationalmuseet, Kopenhagen, 1984

Staatsbürgerliches Magazin: Reisebemerkungen aus Holstein, Schleswig, 1821

Steinvorth, H.: Die fränkischen Kaisergärten, die Bauerngärten der Niedersachsen und die Fensterflora derselben, in „Jahreshefte des Naturwissenschaftlichen Vereins für das Fürstentum Lüneburg", Band 2, 1888/89, Lüneburg, 1890

Theuß, Th.: Handbuch des gesammten Gartenbaues . . ., 3. Auflage, Gebauer'sche Buchhandlung, Berlin, 1850

Widmayr, C.: Alte Bauerngärten neu entdeckt, BLV, München, 1984

Willerding, U.: Ur- und Frühgeschichte des Gartenbaues, in „Geschichte des deutschen Gartenbaues", Ulmer, Stuttgart 1984

Die Autorin dankt

Dr. Volker Arnold, Klaus Gille, Walter Gröll, Uwe Steen und den Dithmarscher Landfrauen für wertvolle Hilfe bei der Beschaffung von Quellenmaterial, das ihr sonst nicht zugänglich gewesen wäre.